大波乱相場、お金はこうして守れ！

澤上篤人

SB新書
665

はじめに

ここへきて、30～40代を中心に、若い人たちの間で投資熱がずいぶんと高まっているようだ。結構なことである。

この流れは、どんどん太く大きくしていきたいもの。それは、若い人たちの将来のためであり、日本経済や社会の活性化のためでもある。

投資がはじめての人も多いだろうが、是非とも成功してもらいたい。みなさん、しっかりと資産づくりを進めていってくれるといい。

そう強く願うものの、ひとつ大きな問題がある。「貯蓄から投資へ」とか、新ＮＩＳＡとかで、国や金融機関が国民に投資をするよう、やたら煽っている。それが、とんでもない危険をはらんでいるのだ。

これは、マズいぞ！　このまま突き進んでいってしまうと、投資がはじめての人たちが大きな損失を抱え込むことになりかねない。

昔から幾度となく繰り返してきた、「投資は難しい」「投資はリスクが大きい」といったマイナス意識を、またぞろ国民に植え付けてしまう。

そして、「やっぱり、預貯金の方が安全でいいや」に逆戻りしてしまう。


そう考えて、急きょ本書を執筆することにした。なにしろ、こちらは世界の投資運用ビジネスで53年余も生きてきた。その間に、数え切れないほど多くの機関投資家ファンドマネジャーや個人投資家の脱落を見てきた。

彼らのいずれもが、株式市場などマーケットを相手にして、大きく儲けてやろうと頑張る。そして、いかに高く売り抜けるかをもって投資としている。しかし、マーケットはそう甘くない。

どこかで、マーケットに振り落とされて、みな消えていく。ファンドマネジャーたちはクビを宣告され、個人投資家は財産を失う。

その横で、われわれ本格派の長期投資家は静かに着実に資産づくりを進めていっている。

資産づくりの基本は、マーケットとはつかず離れずの立ち位置を守る。その上で、安定度と再現性の高い投資で、じっくりとていねいに資産を積み上げていくことだ。

逆に、一獲千金を狙って欲を出すと危ない。どこかで、大きなガラ（暴落。マーケットの棒下げ）を食らったら、それこそ元も子もない。

読者のみなさんも、新ＮＩＳＡで投資をはじめようと騒ぎ立てる証券マンはじめ金融機関の営業、あるいはマスコミ報道に、フワッと乗ってはいけない。ましてや、税控除という鼻先のニンジンにつられて、マネーゲームの世界に引きずり込まれないことだ。

いまは、世界的に見て40年越しの上昇相場の最終段階にある。本書の第1部で詳しく説明しておいたが、史上空前のカネ余り株高もそろそろ限界で、もういつ大崩れに入ってもおかしくない。

証券マンやマスコミは大騒ぎしているが、こんな高値圏で買ったら、一体いつどこで売れば投資収益を手にできるのか。儲からなかったら、税控除もなにもあったものではないのに。

投資なんて「安い間に買っておいて、高くなるのを待って売る」だけのこと。まずは本書で、「資産づくりの投資」というものを、しっかりと学んでもらいたい。なにも難しいことはない。少し時間はかかるが、それは作物を育てるのと同じ感覚である。みなさんもゆっくりと着実に、資産を育てていこう。

2024年初夏

澤上篤人

大波乱相場、お金はこうして守れ！　もくじ

2章 なぜ、世界の株価は上がり続けているのか？ 45

5章 マネーゲームの行き着く先とは　95

第2部 「資産づくりの投資」をはじめよう

6章 世に一般的な投資は、止めておけ　129

7章 資産づくりの投資で守るべきこと 153

8章 これが資産づくりの王道だ 181

第1部

こんなにもある、いま買ってはいけない理由

1 章

すごい株高、その正体は

投資熱の高まり、いいことだが……

最近は、30代などの若い層を含め、投資をはじめる人たちが、ずいぶん増えているとのこと。結構な傾向である。

国民の間で投資運用が一般化することは、これからの日本社会や経済のためにも絶対的にプラスである。その理由は、本書の後半できちんと説明しよう。

今年から新NISAの制度がスタートしたこともあって、証券各社を中心に金融界が大々的に国民の投資熱を煽っている。それに対しては、「オイオイ、ちょっと待ってくれ」だ。

証券など金融ビジネスからすると、新NISAで国民の投資マインドが高まってくれるのは大歓迎。まして、「貯蓄から投資へ」で1000兆円を超す個人の預貯金マネーが、その1割でも2割でも投資に向かってくれるとなれば、いくらでも商売のネタになる。

だが、読者のみなさんや多くの人々が、こんなタイミングで投資をはじめるのは、絶対になしだ。いまの株高は、バブルのにおいがプンプンする。

とんでもない高値づかみをして、「投資はこりごりだ」となりかねない。とりわけ、証券をはじめとする、金融マンたちが熱を入れている投資商品などに、フラッと乗ってしまうのが怖い。

世界の投資運用ビジネスで53年余り生きてきた筆者からすると、「ここは、慌てなさんな。ゆっくりいこうぜ」だ。

投資をはじめるのは大歓迎。されど、どうせなら「資産づくりとなる投資」の世界に入ってきてもらいたい。そのためにも、「いまは、すごい株高バブルになっている」ということを、まず頭に入れてもらおう。

歴史に例のない40年越しの株高

世界中で、ずっと株高が続いてきた。これって、１９８２年頃から今日まで続く、なんと40年越しの世界的な株高現象なのだ。

日本だけは１９９０年にバブルが崩壊して、長期の株価低迷が続いた。それでも最近になって34年ぶりに最高値を更新した。したがって、日本もやはり長期的には株高トレンドにあるといえよう。

ところで、１９６６年頃から１９８２年の前までは、米国でも「株式の死」といわれたほどの株価低迷が約17年も続いた。もう株価は上がらない、株式投資は止めた方がいいと、経済専門誌が大特集を組んだほどだ。

そんな米国株だったが、１９８２年の８月から株価全般は上昇に転じて、ずっと今日まで続いている。株式の死といわれた頃から、なんと38倍の株高だ。

どうしてまた、ものすごい株高が40年超もの間、延々と続いてきたのか？　大まかにいって、3つの要因がある。それらは、一体どんなものか。

第1は、先進国を中心にした世界的なカネのバラまきだ。国や中央銀行がマネーを経済の現場へ大量にバラまいている状態を、「過剰流動性」という。

過剰流動性の下では、あり余ったマネーが経済活動の現場を越えて、株式市場など金融マーケットにも、どんどん流れ込んでいく。大量に流入してくるマネーが、株価などの上昇を強力に下支えする。

第2が、年金マネーによる、コンスタントな株買いである。年金として積み立てられるマネーは、今日まで増え続けてきた。その資金が運用を求めて、世界の株式市場や債券市場にどんどん流れ込んでいった。

膨れ上がる一方だった年金マネーが、運用を求めて株式市場などに次から次へと流れ込んでくる。それが世界の株価全体をずっと押し上げてきたわけだ。

第3が、大規模な金融緩和。2008年9月に発生したリーマンショックで世界は金融危機に直面した。金融不安をなんとしても阻止しようと、先進国を中心に主要各国はゼロ金利やマイナス金利政策の導入、ならびに史上空前の資金供給を断行した。

これは、金利を引き下げて資金を大量に供給しさえすれば、経済は成長する。そう主張する、マネタリズムの考えに沿ったもの。

これらの3つが重なって、40年越しの株高現象となっているわけだ。ひとつずつ、詳しく見てみよう。

〔1〕いまも続く世界の過剰流動性

石油ショックで資金の大量供給

１９７３年10月に発生した第一次石油ショックで、世界の原油価格は３倍強に跳ね上がった。第二次世界大戦後、ずっと１バレル３ドル以下で安定していた原油価格が、突如として10ドルそして11ドルに引き上げられた。

サウジアラビアなど中東諸国を主体としたＯＰＥＣ（石油輸出国機構。以下、ＯＰＥＣ）が、欧米の石油メジャーによる支配から脱しようと強硬手段に訴えたわけだ。

３倍を超すこの突然の価格引き上げを受け入れないなら、石油の輸出をストップさせると、ＯＰＥＣは一歩も譲らなかった。

米国や日本をはじめ原油輸入に頼ってきた非産油諸国は、おしなべて大混乱に叩き落とされた。３倍強に引き上げられた原油価格を受け入れざるを得ない。それどころか、原油の禁輸つまり供給ストップさえ、ちらつかされたわけだ。

突如の原油価格急騰で、各国経済はガタガタになった。エネルギー価格はもちろん電気ガスなど公共料金や諸物価は急騰し、あらゆる経済活動や人々の生活に大混乱をきたした。

これはマズイということで、各国は景気対策と経済活動の立て直しに、巨額の予算を投入した。エネルギーはじめ諸物価が急騰したところに、大量にマネーを供給したからたまらない。世界中がすさまじいインフレに襲われた。

エネルギー価格が3倍強になったことと大量のマネー供給の影響で、1970年代半ばからインフレの猛威は一気に広がった。皮肉なことに、世界中の富が流れ込み、大いに潤ったはずのOPECなど産油国にも、猛烈な世界インフレが広がっていった。

そんな背景で、1979年の年末から80年初にかけて第二次石油ショックが発生した。原油価格は1バレル30ドルから34ドルへと、またまた跳ね上がった。

非産油諸国はひどい不況に襲われ、さらなる景気対策予算の投入を余儀なくされた。それで、先進国中心に過剰流動性の状態はますます高まっていった。当然のことながら、インフレの火はどんどん燃え広がった。

インフレは人々の生活を圧迫する。とりわけ、低所得層や年金生活者へのダメージは大きい。インフレの猛威をなんとか抑え込まないとマズイ。

石油ショック下の不景気の最中ではあるが、もはや背に腹は代えられない。そういって、米国の中央銀行にあたるＦＲＢ（米連邦準備制度理事会）のボルカー議長は、政策金利を一気に引き上げた。10年物国債金利は１９８１年９月に、15・８％まで急騰した。

景気対策よりもインフレ退治が優先だとするボルカー議長の豪腕によって、米国のインフレも鎮静化に向かった。つれて、世界のインフレも収まっていった。

インフレは収まったが、資金の大量供給は続いた

しかし、世界の景気は相変わらず低迷が続いた。その間ずっと各国で景気対策予算が投入されていった。つまり、過剰流動性はさらに積み上がっていったわけだ。

1992年8月になって、米国政府はようやく米国経済の復活を宣言した。第一次石油ショックが襲ってきて、およそ19年後のことだった。それほどまでに、石油ショックが世界経済にもたらした影響は過酷だったわけだ。

経済活動が戻ってきたとなれば、一刻も早く過剰流動性を解消しなければならない。そうしないと、再びインフレを招くから危険である。

ということで、米国は早くも1994年から、徐々にではあったが、金融の引き締めに踏み切った。それで、金利は上昇しだし債券価格も下落した。債券投資家はじめ金融市場は抵抗したが、米政府中心に過剰流動性は解消すべしという政策意思は強固だった。

ところが、1996年半ば頃から、2000年のコンピュータ誤作動問題が盛んに言われるようになってきた。世紀の変わり目にコンピュータが正常に時を刻んでくれないと、世界は経済も社会も大混乱に陥ってしまう。

そんな事態は、なにがなんでも回避しなければならない。それには、事前に資金を経済の現場に大量供給しておいて、不測の事態を予防的に緩和するしかない。ということで、またぞろ資金が大量に供給された。

懸念された2000年のコンピュータ誤作動問題だが、無事に乗り越えられた。そこで、米国中心に今度こそはと、本腰を入れて過剰流動性の解消に向かった。それが、2001年のITバブル相場の崩壊につながった。

株価をはじめ金融マーケット全般が暴落しても、ここは金融を引き締めて過剰流動性を解消すべしで、米国を中心に各国は一致していた。大量のマネー供給を放置していると、1970年代から80年代前半までのインフレ再来となってしまうということだ。

ところが、2001年9月に、米国は同時多発テロに襲われた。これは大変な事態だ。ひとつ間違えると世界同時株安と世界同時不況につながりかねない。そこで、各国は大量の資金供給に踏み切った。

それ以降というもの、過剰流動性は危険だとする各国の政府高官や識者による発言は絶えてなくなった。それどころか、グリーンスパンFRB議長の「根拠なき熱狂」発言ではないが、過剰流動性がもう「当たり前」のような社会認識となっていた。

リーマンショックとコロナ感染危機

先進国を中心として世界中に広がった過剰流動性は、2000年代に入ってさらに加速した。というか、もう歯止めがかからなくなった。

ダブダブのカネ余りをベースに、世界中の金融マーケットがバブル化していった。数式と金融工学を駆使して、どんなものも金利を付加して投資対象商品に仕立てる。それを「証券化商品」という。

この証券化商品を、金利収入で稼ぎたい世界中の金融機関や年金がどんどん購入していった。米国の投資銀行を中心に次から次へと証券化商品を開発しては、世界中に売り込んでいった。

そういった証券化商品に群がった金融バブルは、２００８年9月にはじけた。それを、リーマンショックという。２００７年3月に米国で顕在化したサブ・プライムローン問題と合わせて、金融バブル崩壊と呼んでいる。

リーマンショックでは、先進各国が異次元の金融緩和政策を断行した。政策金利をゼロ近辺にまで一気に引き下げるために、史上空前ともいわれるほど大量の資金を供給した。

また、中国も日本円で57兆円という巨額資金を投入して経済活動を下支えし、世界経済にも絶大な貢献をした。

その後、さらにヨーロッパ中央銀行や日銀は、マイナス金利という前代未聞の金融緩和にまで突っ走った。米国のＦＲＢも、国債や住宅ローン債権の無制限買い取りを実施して、巨額資金を市中に投入した。

通常、中央銀行の財務規模は、その国のＧＤＰ（国内総生産）の10％ちょっとである。それに対し、FRBは40％、ヨーロッパ中央銀行は60％超にまで高めた。日銀に至っては日本経済の130％にまで財務を膨らませた。

各国中央銀行による、すさまじい規模のバラまきである。通貨の番人であり、インフレ抑制を最大の任務としているはずの中央銀行が、とんでもない資金供給に走っているのだ。

それどころか、いつの間にか世界各国は、中央銀行に景気対策を含めた経済政策の役割まで押しつけるようになった。マネーの大量供給など、インフレにつながりかねない愚策なのに、それにいまや誰もなんとも言わなくなっている。

2020年には、コロナ感染危機が発生した。世界中で国境閉鎖やロックダウンといわれる都市封鎖、人々の移動制限や自宅待機などが実施された。

各国の経済活動が空白状態になったり、移民労働者の半強制的な帰国もあったりして、生産や物流の現場には大ブレーキがかかった。世界中に張りめぐらされた生産体制や供給のラインがズタズタに分断されたわけだ。

そこで各国は、生活者に所得補償や現金給付を実施し、企業などには緊急融資の措置を矢つぎ早に講じた。日本では飲食業を中心に、ゼロゼロ融資というものも導入された。担保ゼロ金利ゼロで、いくらでも事業資金を供給するという仕組みだ。

どれもこれも、コロナ感染問題で経済活動がストップしたり、空白状態になったりしたことに対処する緊急政策であった。とはいえ、またぞろ大量の資金をバラまいたのは事実である。

このように、世界の過剰流動性は１９７０年代からこの方、どんどん積み上がってきた。本来なら、大量のマネー供給でインフレを招くところである。だが、世界経済のグローバル化が進展したこともあって、インフレのイの字もない40年間だった。

だが、さすがにそれも限界に達する。２０２１年頃から世界的にインフレ圧力が高まってきた。そのあたりは、後述しよう。

ともあれ、過剰流動性は大量のカネ余り、つまり株価などには最高の土壌を生む。投資家にとっては安心して高値を買い進めることができる、願ってもない投資環境が提供されるわけだ。

これが、40年越しの世界の株高を岩盤のように支えてきた、第一の要因である。

〔2〕年金マネーが世界の株式市場や債券市場を押し上げてきた

年金マネーによる株買い

1960年代の終わり頃から70年代半ばにかけて、先進国中心に年金の制度が整備されていった。それとともに、各国の国民による年金の積み立てが本格化しだして、年金マネーの資金プールが、急速に巨大化していった。

80年代に入るや、年金資金が積み立てられた資金プールは、世界最大の運用マネーとして躍り出てきた。それを見るや、世界の運用会社をはじめ金融機関からは、がぜん注目を浴びるに至った。

それと同時に、世界の運用会社はこぞって年金マネーの獲得に走りだした。急速に膨れ上がっていく年金マネーは、最大のビジネス拡大チャンスとなっていたのだ。どの運用会社にとっても、年金マネーの急拡大を見逃すことなど考えられない。

世界中の運用会社による年金マネー獲得のマーケティング競争は、80年代半ば頃から一気に激化した。その過程で、世界の運用会社は、あっという間に運用マネー獲得のマーケティング会社へと変身していった。

運用会社によるマーケティング競争はどんどん激化していった。それとともに、運用能力を評価する期間も5年、いや3年だとなり、ついには毎年の成績を競うようになっていった。

もともと年金運用では、30~40年後の年金給付に向けて年金資産の最大化を目指すのが一般的であった。

そう、年金運用こそ長期の投資運用の花形であった。筆者が長期投資の世界に踏み込んだ1970年代前半は、年金マネーの運用では10年の運用実績をもって評価するのが常識だった。


ところが、80年代半ば頃からというもの、「年金運用の評価は、毎年の成績で」が一般化していった。それまでの10年単位の成績評価では、マーケティング活動が間延びしてしまい商売にならないというわけだ。

また、企業の年金基金や国の年金当局からしても、年金は積み立てている一般生活者の将来にとって大事な資金である。10年経って運用が下手だったでは取り返しがつかないことになる。やはり、毎年きっちりと成績評価すべしとなっていった。

それにつれて、年金運用の現場では、毎年の成績を追い回す短期運用やディーリングが、主体となってしまった。いくら、運用会社が「10年単位の長期スタンスを」と訴えたところで、年金基金など顧客サイドが聞き入れてくれない。

かくして、1970年代までは年金運用の本流を自負していた長期運用は、あっという間に絶滅危惧種的な存在となっていった。

インデックス運用の大流行

世界の年金マネーは、1980年代に入って急速に膨れ上がっていった。そこで大きな問題が発生する。投資対象企業を取捨選別する専門家、つまり企業リサーチを担当するアナリストが絶対的に不足しだしたのだ。

また、運用を担当するファンドマネジャーも足らなくなってきた。そうなのだ。年金マネーのマーケティング競争で巨額の運用資金を確保したはいいが、その資金を運用する人材の供給が、まったく追いつかない。

まともな投資運用では、アナリストやファンドマネジャーを養成するには、最低でも7～8年はかかる。ところが、運用を求める年金マネーは、すごい勢いで増加していっている。さあ、どうするか？

そこで一気に脚光を浴びるようになったのが、パッシブ運用である。

個別企業をていねいに調査・分析して投資対象を選別し、運用ポートフォリオを構築しようとするのが、アクティブ運用である。

一方、パッシブ運用は日経平均株価などのインデックスに追随するよう、プログラミングされたコンピュータ運用をいう。

平均株価などに追随するだけだから、個別企業の調査・分析などは不要。また投資対象銘柄の取捨選択や、投資タイミングを計るファンドマネジャーも必要としない。どれもこれも、コンピュータにやらせるだけだ。だから、預かり運用資産がいくら巨大化しても対応できる。コンピュータの演算能力を高め、メモリー容量を拡張すればいいだけのこと。

年金マネーの急速な拡大膨張に対応するかのように、コンピュータによるパッシブ運用は一気に普及していった。そして、いまやアクティブ運用を凌駕するまでに存在感を高めている。

インデックスファンドが花開いた

パッシブ運用は平均株価（インデックス）に追随するものだから、インデックス運用ともいわれる。そのインデックス運用だが、まさに年金マネーの巨大化に従って、生まれ育った投資手法である。

もとはというと、1972年の暮れ頃にインデックス運用の原形が登場した。筆者としても、米国の運用現場で同僚たちと、妙なものが出てきたなと語り合ったのを克明に覚えている。

そして、1976年に米バンガード社のジョン・ボーグル氏が、世界初のインデックスファンドとなる「インデックス・ミューチュアル・ファンド（現バンガード500）」を設定した。ただ、当初の6年ほどはまったく売れなかった。

ところが、年金マネーの急拡大にともなって、アナリストやファンドマネジャーの供給不足が問題視されだすや、状況は一変した。コンピュータに運用させれば、ともかくにもマーケットに追随した運用成績は確保できる。

これはありがたいと、世界の運用会社は「バンガード500」に殺到した。同時に、バンガード500と同様の運用をするインデックスファンドを、各社は競って設定していった。

かくして、インデックス運用は年金のみならず世界の機関投資家運用において大きく花開いていった。

〈3〉「お金さえバラまけば」の、マネタリズム

異常な金融緩和

ノーベル経済学賞を受賞したミルトン・フリードマン教授らが唱えたマネタリズムの考え方が、この40年間でじわじわと浸透してきた。金利を下げて資金を大量に供給すれば経済は成長するというのが、マネタリズムである。

一般的には、消費などの需要が高まってくると、それに応じようとして生産供給活動が活発化する。そこに、工場労働者などの雇用が生まれ、工場の建設や機械の発注・購入も発生する。

それらが、個人消費をはじめとする、さらなる需要を生みだす。その循環が、経済の拡大再生産へとつながっていく。もちろん、生産が過剰となれば価格は下がり、生産供給活動はスローダウンする。

一方、マネタリズム理論では、とにかく金利を下げ、資金を大量に供給しろと唱える。そうしてやると、企業は研究開発や設備拡大への投資を積極化するだろうし、新規雇用も発生する。それが経済活動の拡大に寄与するというわけだ。

また、金利を下げて資金を大量に供給すれば、株価が上がり資産効果が生まれる。資産効果は消費需要を高めて経済成長を促してくれる、というのだ。


このマネタリズム理論を一気に深化させたのが、リーマンショックである。先進国中心に各国は金利をゼロ同然にまで下げ、史上空前ともいわれる大量の資金供給に走った。ヨーロッパ中央銀行や日銀はマイナス金利政策まで導入した。

その効果はてきめんで、金融マーケットにおいて顕著に表れた。なにしろ金利はゼロで、資金は大量に供給されている。それで、あふれ出したマネーは、行き場を求めて株式市場や債券市場へ、すさまじい勢いで流れ込んでいった。

株価も債券価格も大きく跳ね上がって、リーマンショックでの暴落を、あっという間に埋めてしまった。その後も、どんどん上昇相場が続いて今日に至っている。

マネー至上主義の弊害

さて、マネタリズムが唱える経済成長効果だが、期待されたほどには出ていない。金融マーケットだけが大発展しただけ。そういいたくもなる。

たしかに、金融マーケットは大活況となっている。それに乗って、一部の高所得層への富の集中は、かつて人類が経験したことのないほどの水準にまで高まった。米国で見ると、1％の人口にあたる高所得層が全米の金融資産の35〜36％を所有しているとのこと（2022年）。すさまじいまでの富の集中ぶりである。

その横で、世界的に見て多数国民の低所得化や貧困化が進んでいる。また、米国では中産階級の没落が社会問題化してきている。

別の角度から見ると、マネーがすべてとする価値観が、経済の現場のあちこちで弊害をもたらしているのだ。そのひとつに、株主資本主義の横暴がある。

企業の大半が、株式会社の形態を採っている。その株式所有者である株主の利益がすべてとする風潮が顕著になってきているわけだ。すなわち、株主権限で企業に短期利益の最大化を迫り、配当金を増やせとか自社株買いをしろと企業に迫る。

株主の要求は否応なしだ。それで、企業は将来に向けての研究や投資を抑えたり、給与支払いを減らしたりして、できるだけ利益を捻出しようとする。

企業が投資を抑えれば将来、成長の芽を摘むことになるし、給与カットは消費需要の減退を招く。その企業にとっても、経済全体にとってもプラスとはならない。

それでも、株主たちは一向に構わない。企業からできるだけ現金を吸い上げて、後は野となれ山となれである。


先進国中心に世界はこれでもかこれでもかと、マネタリズムの深掘りをしてきた。それが一部の人々や株主たちの利益増加につながってきたが、経済全体から見るとさほどプラスになっていない。

たしかに、マネタリズム論者が主張するように、世界各国は金利を下げ、資金を大量に供給してきた。それにもかかわらず、どの国の経済も期待したほどには成長していない。

経済がさほど成長しないどころか、２０２１年頃から高まってきた世界的なインフレ圧力が、各国で社会の緊張感を高めている。それが、地政学リスクを高めるといった問題に発展してきているのだ。

この40年余り、すごい株高が続いてきた。その横で、多くの人々の低所得化や貧困化も進んでいる。

それらのどれもこれもが、本書のテーマである株価暴落の引き金となりつつあるのだ。

2
章

なぜ、世界の株価は
上がり続けているのか？

まともな投資判断はどこへ消えた？

株価なんて、買う人が多かったら上がる。株式市場での上昇相場も、多くの投資家が後から後からどんどん買えば、いくらでも上がり続けることになる。

ところが、古今東西いつの上昇相場でも、投資家の判断というものはある。たとえば、「株価全体が、ずいぶんと上がってきたな。早めに売って、利益を確定しておこうか」といった、投資家らしい判断だ。

どんなにすごい上昇相場も、いつかは終わる。どこでどう反転し、下げ相場になるか知れたものではない。こんな具合に投資家というものは、あれこれ考えては悩むものだ。

これだけ長く上昇相場が続いてきたのだ。どこかで誰かが売りはじめたら、みなが大慌てで売りに転じよう。そしたら、もう買うどころではない。一斉の売りが出る前に、自分は売っておこうか。これが、まともな投資判断というものである。

投資には、マーケット参加者のみなが儲けよう、儲けてやりましょうで目を血走らせている修羅場へ飛び込んでいくといった面がある。それなりの緊張感と適切な投資判断は、あって当然である。

どんなに株価が上がっていても、ごきげんだった上昇相場でも、いつ下げに転じるか知れたものではない。そういった緊張感だ。

それもこれも、「儲けてやろう」「損はゴメンだ」で、目をギラギラさせている投資家たちが、瞬時に買いから売りへと方向転換するからのこと。

マーケットには、ありとあらゆる価値観や目的をもった投資家たちが、それぞれ自由自在に参加してくる。そんな彼らの投資判断も、それこそ千差万別である。

それでこそ、マーケットでの価格形成が、合理的かつ公平公正となるというもの。

そういった、オープンな場で時々刻々と形成されていく価格情報が、次の投資や経済活動を促進させる判断材料となっていくわけだ。

したがって、マーケットでは多種多様な投資家による、自由自在なる投資判断があって当然。また、それこそがマーケットの命である。

なのに最近は、まともに投資判断ができて、さっさと行動する投資家が少なくなってきている。世界的なカネ余りにどっぷりと浸かった投資家たちは、早めに売って利益確定しておこうなんて、まるで考えないのだ。

そろそろ売っておこうとする投資家と、いやまだまだ買うぞという投資家が、時々刻々とぶつかり合う。それでもって、マーケットでの価格形成に厚みがもたらされるはずなのに。

投資判断不要の上昇相場

このマーケットでは当たり前の、投資家それぞれの投資判断による独自の行動が、どこかへ消え去って久しい。それどころか、投資判断などは不要とする株高が、やたら長く続いてきた。それが、世界の株式市場の現状なのだ。

どうして、そうなったのか？　1章でも書いたように、この40年あまり世界の株高を演出してきた要因は3つある。

第1が、世界的なカネ余り。つまり過剰流動性の状態がずっと続いている。マネーがふんだんに供給され続けていれば、そこはマネーの本質。少しでも儲けようと、株買いなど金融マーケットに向かうのは当然のこと。

第2が、拡大し続けてきた年金マネーが、ずっと株や債券の買い増しで主役を演じてきたこと。世界最大の運用資金である年金マネーが買って買って買いまくれば、株価全般は上がり続けるしかない。

そして、第3が、リーマンショック後のゼロ金利と、史上空前の規模での資金供給である。

金利がゼロとかマイナスということは、企業収益にとって大きなプラスである。しかも、資金が史上空前ともいわれるほど大量に供給され続けたのだ。株価をはじめ金融マーケット全般は上がるに決まっている。

そういった株式市場にとって最高の環境が、長いこと続いてきた。それが、40年越しの株価上昇となっているのだ。

これでは、まともな投資家というか、まともな投資判断が消え去って久しいと、いうしかない。読者のみなさんも納得がいくだろう。

実は、もっとおかしな現象が世界の株式市場で、もう当たり前のようにまかり通っているのだ。

それは、運用のプロである機関投資家が自分の投資判断を棄ててしまっていることだ。つまり、世界の機関投資家が売ろうとしないのだ。これがダラダラと続く世界の株高を支えてきた、もうひとつの要因である。

以下、そのあたりに焦点をあててみよう。

機関投資家は踊りを止められない

世界の運用マネーの大半は、年金などの資金を預かって運用している機関投資家の手にある。個人投資家は数こそ多いが、運用している資金量で見ると遠く及ばない。

その機関投資家だが、彼らは毎年の成績を出すことに追われている。毎年そこその運用成績を叩き出して、運用資金を預けてくれる年金基金など投資家サイドの期待に応えなければならない。

それも、変動の激しいマーケットを相手にして、競争相手に負けない成績を出し続ける必要があるのだ。このプレッシャーは大きい。運用成績で差をつけられると、クビを宣告されるか、運用資金を引き上げられてしまう。それは困る、飯の食いあげとなる。

機関投資家たちは、みな同じ立場にある。となると、運用者たちは自然と株式市場などのマーケットから一歩も離れず、ひたすらマーケットについていこうとするようになっていく。それが一番安全だと、みなが考える。

ちなみに、ある運用者がそろそろ上昇相場の天井だろうと判断して、売りに転じたとしよう。それが、ドンピシャリの投資判断となれば、投資家顧客に対し素晴らしい成績を届けられる。

ところが、時々刻々のマーケット動向に対し、ドンピシャリの投資判断なんて、それこそ神業に近い。機関投資家の運用者たちからすると、そんなリスクは取りたくない。

なにしろ、下手に自分の投資判断で売って、その後も上昇相場が続いたりすると、競争相手に差をつけられる。そんなリスクを負うぐらいなら、おとなしくマーケット動向についていく方がよほど賢い。

これが、よくいわれる「音楽が鳴っている間は、踊り続けなければならない」で、ひたすらマーケットの価格変動についていく。それをもって、彼らは運用としているわけだ。

運用のプロであるはずの機関投資家が、自身で投資判断は一切せず、ずっとマーケットについていくだけ。なんともおかしな運用姿勢だが、これが機関投資家の実態である。

きちんと投資判断すると市場はこうなる

もしも、機関投資家の運用者たちの一部なりが、「これだけ上昇相場が続いてきたのだ。そろそろ利益確定の売りを出そう」と、投資家らしい行動をしたら、どうなると思う？

そういった売りが出てくれれば、ここまで上げ続けてきた株式市場に急ブレーキがかかる。すると、ずっと続いてきた株価上昇に買い群がっていた投資家たちの間にも、どこかで株価は下落に転じるのではないかといった警戒感が生じてくる。

それと同時に、株式市場では買いと売りが交錯しだす。買いと売りのマーケットらしいぶつかり合いを見ているうちに、売りが優勢となってくれば、マーケットは下げに転じる。

株価全般が下げ方向に転じたかなと思えば、これまでの買い一方だった投資家たちも「さあ、どうしようか」と、いろいろ考えはじめる。「やはり、そろそろ売るべし」と考えたり、「この下げは、むしろ買いだ」と判断したりする。

これが、マーケットの正常な姿である。売る投資家もいれば、買おうとする投資家もいて、株価が形成されていく。そういった買いの力と売りの力とがぶつかり合って、その均衡点で株価が時々刻々と決まっていくのだ。

ところが、世界の株式市場の現状は、そういった投資家らしい多種多様な価値判断と、それによる独自の投資行動が、さっぱり出てこない。機関投資家たちの「踊りを止めようとしない」運用に、個々の投資判断が押し潰されてしまっているのだ。

世界の株高がしぶとく続いているが、これではなかなか崩れないのも当然のこと。

40年越しの上昇相場しか知らない

もうひとつ、崩れそうでなかなか崩れない株高が、ずっと続いている要因がある。

それは、世界の運用者たちのほとんどが、40年越しの上昇相場しか知らないことだ。彼らはカネ余り株高の相場に、どっぷりと浸かってきただけといっていい。

1970年代から80年代はじめにかけての、すさまじいインフレを経験した世代は、いまや大半が現役を退いている。あの当時、株価は長期低迷し、債券市場などは地獄であった。それを体験した投資家が、みな引退してしまった。

世界の株式投資も債券投資も、その後ようやく息を吹き返した。

米国中心に株式市場は1982年の8月から上昇に転じた。債券市場はというと、83年から長期金利が低下（債券価格は上昇）しだして今日に至っている。

それ以降というもの、どの機関投資家の運用者たちも40年ずっと続いた上昇相場しか知らない世代となっている。それが、世界の機関投資家の現実なのだ。

巨額の資金を運用している人たちが、40年も続いた株高や債券高しか知らない。というか、上昇相場がもう当たり前と慣れ親しんでいる。となれば、世界の株式市場も債券市場も、そう簡単には崩れない。


とはいえ、一度マーケットが崩れはじめたら、どうなるだろう？　彼らは、マーケットの本格的な下げを一度も経験していない。したがって、世界の機関投資家の運用者たち全員が大パニックに陥るのは避けられまい。

彼らからするとこれまで、株式市場はずっと上がっていくもの、という経験しかない。それが突如として、猛烈な下げ相場に転じたとなれば、どう対処していくものかは、まったく未知の世界。

まず間違いなく、彼らは「とにかく売っておこう」と、やみくもな売りを出してくる。そう、世界中の機関投資家が一斉の売りに転じるのだ。

巨額の資金を運用している彼らが一斉に売りを出せば、株価全般も債券価格も収拾のつかない棒下げとなる。マーケットは奈落の底へと落ちていこう。

実は一度、世界はそういった売り地獄を見かけた。

リーマンショック時は、暴落を止めた

2008年9月にリーマンショックが発生した。世界の金融マーケットは、2008年の暮れから下げを加速させた。

これはマズいぞ、このまま放置すれば金融恐慌に陥ってしまう。ということで、先

進国の政府や中央銀行は、なにがなんでもマーケットの下げを止めなければと、あらゆる手を打った。

金利を一気に引き下げ、ヨーロッパ中央銀行や日銀はゼロ金利やマイナス金利政策まで導入するに至った。同時に、資金を無制限に供給した。それで、各国中央銀行の財務規模は異常なまでに膨れ上がった。具体的な数字は1章で述べた通りだ（29～30ページ参照）。

金融マーケットの急落を阻止しなければ、大変な事態になる。銀行など金融機関は経営破たんをきたすし、経済は大混乱に陥る。そういって、各国が最高度の警戒態勢を敷いたのだ。

当時、ほとんど表面化しなかったが、株価や債券価格全般の同時下落で、各国の金融当局は極度の緊張感に襲われた。このままいくと、年金運用もズタズタになってしまう。そんなことにでもなったら、大きな社会問題となるのは不可避である。

ここは、なにがなんでも金融マーケットの崩落を阻止しなければならない。そのような流れで、各国政府や中央銀行は一致団結して動いたわけだ。

史上空前の資金供給などの金融緩和でもって、あのリーマンショックは、なんとか乗り切った。その後は、カネ余りバブル高がいまに続いている。


ところが、今度やってくる金融マーケットの暴落には、各国政府も中央銀行も手の打ちようがない。暴落阻止と景気対策で財政出動しようにも、世界的なインフレ圧力で金利は上昇してきている。おいそれとは国債発行で資金調達できない。

各国中央銀行も、財務は異常に膨れ上がったままだ。そこへ、インフレが台頭しており、やみくもな資金供給には走れない。そんなことをしたら、インフレの火は一気に燃え広がってしまう。なんとも難しい舵取りが求められる。

3

章

この上昇相場、証券マンやマスコミと一緒に踊るな！

「ちょっと待て」の精神が肝要だ

日経平均株価が34年ぶりに最高値を更新したぞ、ついに4万円台に乗せてきたぞと、証券マンを筆頭に金融界は沸き立っている。マスコミも、世界的に見て出遅れていた日本株投資だが、いよいよ日本の時代到来だとかを大々的に報道している。

折も折、今年からは新NISA制度もはじまり、人々の投資に対する関心は高まっている。現に、若い人たちの間で投資をはじめる動きも活発化してきている。

本書の読者のみなさんも、さぞや投資をやってみたいという気分が高まっていることだろう。

けれど、「投資をはじめる前に、ちょっと待てよ。このまま金融マンたちやマスコミの大騒ぎに、フワッと乗って良いものだろうか」と考えるべきだ。

実際そう思っているからこそ、本書を手に取ってくれたのではないだろうか。

その直感は正しい。まさに、「ここはちょっと待て」だ。証券マンをはじめとする金融ビジネス関係者と、われわれ投資家は違う。彼らと一緒になって、株高だなどと大騒ぎしてはいけない。

もちろん、いよいよ日本株投資の時代だとかで、大キャンペーンを張っているマスコミ報道にも乗ってはいけない。株式評論家などが、これからが株式投資で大儲けするチャンスだと熱く語っているが、それらも「ちょっと待て」だ。

証券マンたちには稼ぎ時

よく考えてみてくれ。彼らの商売と、われわれ投資家とでは、そもそもお金の稼ぎ方が違う。とりわけ、本書のテーマである資産づくりの投資という観点から見ると、

「決して彼らと一緒の行動はするな」だ！

どういうことか？　まず証券マンだが、彼らは売買手数料を稼ぐのを商売としている。それで、新ＮＩＳＡだ、株高だ、日本株の復活だとかを煽って、投資家からできるだけ多く買い注文を集めようとする。

世間の投資人気をどんどん煽って、買い注文を増やせば増やすほど、手数料をたんまりと稼げる。彼らからすると、手数料をたっぷりと稼ぎさえすれば、もうそれで商売は一件落着である。

その後、株価が大きく下がって、高値を買った投資家が損したと大騒ぎとなっても構わない。証券会社にとっては痛くもかゆくもない。

証券マンたちからすると、「投資は自己責任ですよ」といって、知らん顔するだけだ。自分たちはもうたっぷりと稼いだ後だから、投資家の損など知ったことではない。

それどころか、「次はこの株で儲けましょう」と、再び営業攻勢をかける。このたくましさというか、ふてぶてしさが証券マンたちの真骨頂である。

もちろん、どの証券会社も「顧客重視」とか「顧客の資産形成をお手伝いする」とか体のいいことを口々に言ってはいる。しかし実際は、売買手数料を稼ぐのが、彼らにとっての飯のタネである。それは紛れもない事実だ。

金融機関も、儲け優先

一般生活者の資産づくり投資において、証券会社だけが要警戒ではない。銀行など金融機関も、やはり自分たちの儲けを最優先している。

さすがに銀行は、ゴリゴリ押してくる証券会社とは違って、お行儀がいいと世間的には受けがいい。しかし、その実態は自分のところの利益を第一にしているのに違いはない。

それどころか、銀行や郵便局などは預貯金の顧客口座をもっている。個々の顧客が、どれほどの資金を口座に置いているか、まる見えである。

そういった各顧客口座の資金に狙いを定めて、投信販売などの営業をかければ、きわめて効率的に販売実績を伸ばすことができる。銀行や郵便局は顧客それぞれのふところ具合を把握した上での投信営業だから、おそろしく有利である。

その上、証券会社と比べるに安心とか信頼とかの面で、銀行や郵便局のイメージはすこぶるいい。「まさか手数料稼ぎ目的で、ヘンな投信を押しつけてこないだろう」といった安心感をもってもらえる。

そういった有利さで、銀行や郵便局などは投信ファンドの販売実績を着々と伸ばしている。ここまで書いてきたことは、読者のみなさんも「そうだろうな」と納得がいくはず。

たしかに、彼らは証券会社と比べ、それなりの安心感を武器にできる。だからといって、一般生活者の資産づくり投資を、本気でお手伝いしようとしているかは別問題である。

銀行や郵便局はじめ金融機関は、証券会社に負けず劣らずで、自分のところの利益最大化を狙っている。その中には、投信などでの販売手数料稼ぎも入ってくる。

もちろん定期預金など、息の長い金融商品をもっていることもあって、銀行や郵便局が長期の財産づくりを唱えると、それなりの説得力はある。

しかし、定期預金など利率が確定している金融商品を顧客に勧めるのと、投資運用商品を扱うのとでは、そもそも違う。投資運用商品はマーケット動向などによって、投資収益が千差万別となっていく。

そういった相場変動商品を相手にすることは、銀行や郵便局の営業マンにとって未知の世界。いってみれば、投資運用については素人同然の人たちだ。

現在はたまたま、40年越しのカネ余り上昇相場に乗っかっていられる。それで、彼らは世界株式や米国株のインデックスファンドを売りまくっている。
そんな彼らに暴落相場が襲ってきたら、さあどうなることか？

マスコミは、いまを騒ぐのが仕事

新聞やテレビなどマスコミは、報道を仕事としている。世の中でいま起こっていることを、広く世に知らしめるをもって社会的責務としている。

とはいえ、マスコミも商売として稼がなければならない。できるだけ新聞の購読者数を増やしたい。テレビなら番組の視聴率を高めたい。そして、広告宣伝料をたっぷり稼ぎたい。

そのためには、いま起こっていることを報道するにあたって、できるだけ多くの人々の関心や興味を引き付ける必要がある。それにはということで、どうしても報道が大げさになってしまう。

実際、新聞やテレビなどは、いま起こっていることを「これでもか、これでもか」と、やたら声高に騒ぎ立てる。それもこれも、ひとえに購読者を増やし視聴率を高めたいがためだ。

そういった報道に、われわれ一般生活者はともすると、かなりの悪影響を受けてしまう。それもあって、しばしば「新聞は社会の凶器」といわれるわけだ。

ともあれ、マスコミが最近の株高をガンガンに報道するのも、彼らからすると仕事の一環である。彼らの習い性ともいえる。

新NISAだ、個人の投資意欲が高まっている、株価も34年ぶりの高値更新だと、報道材料にこと欠かない。そして、株価全般もしぶとく高値圏にへばりついている。

ここで、新規を含めて投資家の買い意欲が高まれば、株価はさらに上値追いに拍車がかかる。まさに、マスコミの出番である。

そのうち、どこかでマーケットが暴落したりしたら、これまた報道チャンス到来だ。マスコミは一転して相場暴落を大騒ぎするだけのこと。

ところが、株高報道にフワッと乗ってしまった投資家からすると、マスコミ報道の豹変ぶりに、それこそ「なんなの！」だ。ごきげんで2階、3階へと上がっていって、突然ハシゴを外されたようなもの。

それに対し、マスコミは「いまを報道する」のが仕事だから、しれっとしたものである。

投資家は「高値づかみしたのは、自己責任でしょう」といわれるのがオチである。マスコミをはじめ誰かに対して文句を言ったところで、マーケットも投資損も戻らない。

評論家も、いろいろ語ったり書いたりが仕事

株式評論家とか識者といわれる人たちは、いまの株高をここぞとばかり熱く語ってくれる。彼らも、やはり稼げる時に稼いでおけというスタンスだ。講演や執筆の依頼、テレビなどへの出演。どれもこれも、世の関心が高まっているからのこと。先ほどのマスコミと同様、いま現時点での人々の関心や興味を引けば引くほど出番は増える。

したがって、どうしても彼らは過激な発言や主張が多くなる。また、しばしば笑ってしまうのは、彼らの一部は相場動向によって、ひんぱんに御託宣を変えてくれることだ。

ちょっと前まで、「ここで買わなかったら、いつ買うんだ」と株買いを煽っていたはずの先生が、「ここは一刻も早く売りだ」に豹変する。

世の多くの人たちは、知りたい意欲が強い。大抵は「ただ知りたい」だけなのだが、知ることへの欲求は強い。とりわけ日本人は、その傾向が強い。

だから、たとえば株高という最近の現象に対しても、人々は「もっと知りたい」となる。あるいは、自分も株高だと思って投資しているが、その投資を専門家や識者の見解で裏付けたいと願う。

これらも、やはり「ちょっと待て」だ。株式などの評論で食べている人たちも、学識経験者といわれる人たちも、われわれのような筋金入りの長期投資家ではない。「そこのところを混同するな」だ。

彼らは「語って書いてなんぼ」の人たちである。だから、いまの株高ブームに乗ってコメントしたり、投資家の買い意欲を煽ったりする。お呼びがかかるのを幸い、しゃべって書いて講演料や印税を稼いで終わりだ。

その点、投資家は違う。「買ったものを、売って利益確定する」それでようやく一件落着である。株高だとかのブームに乗って、やみくもに買えばいいのではない。

どこかで高く売って、はじめて投資収益にありつける。証券マンやマスコミ、あるいは株式評論家と一緒になって、いくら株高だと沸き立っていても、投資収益にはつながらない。

　このところを、しっかり腹に落とし込んでもらいたい。われわれ投資家は、証券マンたちなどの金融ビジネス関係者や、マスコミとか評論家たちとは、お金の稼ぎ方が、まったく違うのだ。

株式投資の指南書にも要注意

　ここで蛇足をひとつ。

　よく、「この株を買って、大儲けしよう」と喧伝する書物や、講演セミナーの宣伝を目にする。あるいは、「これこれの投資で、私は10億円を稼いだ」と吹聴する人たちもいる。
そういった出版物やセミナーなどは、執筆したり講演したりする人の自由。だが、投資家からすると要警戒である。

よく考えたらわかる。「この株を買えば儲かる」という類いの指南書は、「だったら、さっさと自分で買って儲けてしまえばいいのに」と思えないか。なにが悲しくて、見ず知らずの他人に「その儲け話」とやらを伝授しなければならないのか。

もっとも、かつては自分が先に買っておいた銘柄を「これから大出世する将来好望株だ」と大宣伝する向きも多かった。その宣伝に乗って多くの投資家が買い群がり、株価が上がってきたところで、自分はさっさと売り抜けるといった輩《やから》たちだ。
そういった株価誘導というか、投資家を出し抜く輩は、最近はずいぶんと影をひそめた。それでも、儲けたいばかりの投資家たちが、美味しそうな儲け話に飛びつくのは、いまも昔も変わらない。

われわれ本格派の長期投資家からすると、「もっと落ち着いた、腰のすわった投資をすればいいのに」の一言である。

あるいは、世の中には、「私は5億円稼いだ」「10億円も儲かった」と自慢話を語る人たちも多い。われわれからすると、「よかったね」だ。

筆者の53年の経験から言えることだが、たまたまのラッキーで大儲けしたかもしれない人たちの、「その後」はあまり知られていない。大抵は、一時の成功で大金を手にしたが、その後は大したことがないか没落していったかだ。

本書でこの後もずっと繰り返すが、資産づくりの王道は「安定度が高く再現性ある投資を、マイペースで積み重ねていく」ことだ。

4
章
いまはマネーゲームの最終章

上昇相場の落とし穴がいっぱい出てきている

1章からずっと書いてきた、40年越しの株価上昇だが、さすがに「その終わり」は近づいている。

いつ、どこで、どう崩れだすのかは、それこそ神のみぞ知るところ。秋が深まって、熟柿《じゅくし》が木から落ちるように、いずれ株高も崩れ落ちていく。

はっきりしているのは、「この上昇相場、もういつ崩れ出してもおかしくない」ということだ。それほどまでに、多くの落とし穴がちらちらと顔を出してきている。

いつのバブルでもそうだが、終わった後になって人々はようやく「あれは、バブルだった」と認識する。その寸前まで多くのマーケット参加者は、株高などの上昇に酔いしれているものだ。

本書の読者には、「しまった、バブル崩壊で大きく損させられた」と、ホゾを噬《か》んでもらいたくない。それどころか、暴落相場の大混乱を「待ってました」と大バーゲンハンティングに打って出てほしいのだ。

では、どんな落とし穴が顔を出してきているのだろうか？　まず要注意なのは、2021年からカマ首をもたげてきた世界的なインフレ圧力と、それを阻止しようとする金利上昇だ。

次に、世界各地で現れはじめている地政学リスクの数々にも要警戒だろう。さらには、中国経済が不動産ビジネスを中心にして、不気味な爆弾を抱え込んでいることだ。

そんな落とし穴について、ここからひとつずつ見ていこう。

世界経済のグローバル化がインフレ阻止

経済の教科書では、「マネーを大量に発行すると、インフレを招くから危険」とある。ところが、1章でも書いたように、世界は1973年10月の石油ショックから、かれこれ50年間も過剰流動性の状態にある。

これだけ大量にマネーを供給し続けてきたから、本来ならはるか昔に、インフレの嵐に見舞われていてもおかしくない。ところが、2020年までの47年間インフレのイの字も見られなかった。

どうしてなんだろう?

ちょうど同じ時期に、世界経済のグローバル化が急速に進んだ。それが、これだけ大量にマネーを供給され続けてきたにもかかわらず、世界経済がインフレ懸念のない発展拡大を続けられた最大の功労者である。

世界経済のグローバル化とは、先進国の企業が中心となって新興国や途上国に工場や農園（プランテーション）などをどんどん建設する動きだ。お目当ては、新興国や途上国の安い労働力である。

企業などが工場やプランテーションを建設している間は、新興国や途上国に大量の資金が流れ込んでくる。その国の経済は大いに潤う。経済成長率もグンと高まる。

ところが、建設が終わって工場やプランテーションが本格稼働をはじめると、状況は一変する。

企業は新興国の工場やプランテーションで、できるだけ安く生産させる。その上で、低価格の工業製品や農産物を世界で販売して大儲けしようとする。そういった資本の論理が働きだすわけだ。

そのような資本の論理は、新興国や途上国の人々からすれば富の収奪に他ならない。富の収奪？　そう、できるだけ安く作らせる。それでもって、世界で高く売れば、先進国の企業はたっぷり儲けることができる。

新興国や途上国にすると、たしかに工場進出やプランテーション建設で一時的に経済は成長した。しかし、その後は低賃金労働を強いられて、国民はちっとも豊かになれない。むしろ、貧困化が進んでしまうということになる。

世界的なインフレ圧力は根が深いぞ

このように、世界経済のグローバル化が騒がれた裏側では、新興国や途上国から富の収奪が進められていたわけだ。現在の工場やプランテーションでの生産コストが高くなれば、さらに低賃金の国々へと世界の資本は移っていく。

資本の論理による富の収奪という裏面があったからこそ、世界は低価格の工業製品や農産物の大量供給を享受できた。そして、インフレなきマネー経済を堪能できたということだ。

その横で、新興国経済の伸び悩みと途上国の貧困は、どんどん深刻化していった。食べていけなくなった人々の不満や、なんとかしてくれという意思表示が、世界的なインフレ圧力の台頭の根っこにある。

賃上げ要求の高まりは当然として、各地での暴動や部族間そして民族間の対立、資源の囲い込みや争奪、権威主義的政治家の台頭と、世界あちこちで地政学リスクは高まるばかり。

それが、世界経済のグローバル化に対する反発や反動、生産やサプライチェーンの分断などにも発展してきている。

これらのいずれもが、世界的なインフレ圧力の後押し要因となってきている。

同時に、世界の多数地域での低所得化や貧困化に端を発する政治的あるいは社会的な不安定性は、どんどん高まっている。

どれもこれも、マネー資本主義で突っ走ってきた世界経済に対する強力なブレーキ要因ともなってきたわけだ。

どうだろう、世界的なインフレ圧力は相当に根が深いと思えないか?

ゼロ金利下の甘え

最近の株高の横で常に話題となるのが、米国の中央銀行にあたるFRBのパウエル議長が、いつ利下げに踏み切るかだ。利下げはさらなる株高につながるから歓迎ということで。

株式市場のみならず、経済活動のあるゆる現場でFRBがいつ金利を下げるかに、強い関心が向けられている。

しかし、「ちょっと待て」だ。日本のみならず世界中が、低金利やゼロ金利に慣れ親しみすぎてしまってはいないか。

そもそも、金利があるからこそ経済活動は成り立つ。ところが、ゼロ金利政策というのは、金利つまり儲けをゼロにするということである。

儲けが得られないというのなら、まともな経済活動などアホらしくてやっていられないとなる。そして、みながマネーゲームに走ることになる。

2008年9月に発生したリーマンショックで、先進国のほとんどがゼロ金利政策を導入した。その後、ヨーロッパ中央銀行と日銀はマイナス金利政策にまで突き進んだ。それほどまでに、リーマンショックによる金融不安への警戒感は強かった。

しかし、金融不安も遠のいたというのに、欧州や日本はゼロ金利政策を続けた。日本は最近ようやく、マイナス金利とゼロ金利を脱したところである。

その日本経済だが、ゼロ金利をはじめあらゆる景気刺激策を動員して、デフレ脱却を最優先してきた。それでも、景気回復は遅々としている。まさに、金利をゼロにしたものの、経済活動はさっぱり動かない典型例である。

ひとり米国がいち早く銀行など金融機関に経営健全化を強く指導し、金融も引き締めに政策を変更した。それが功を奏して、米国経済は徐々に活発化しだした。リーマンショックの傷跡も急速に修復に向かった。

その結果として、いま米国の政策金利は5・25〜5・5%の水準にある。そして、米国債10年物の長期金利は4・5%台となっている。

この現状を見るに、ヨーロッパや日本と比べて、米国の方がよほど健全な金融政策を進めているといえよう。その米国でも、金利引き下げを期待する声が強いのだ。

しかし、よくよく考えると金利引き下げを声高に主張しているのは、金融マーケットではないのか。「このまま株高が続いてほしい」「そのためには、FRBが利下げをしてくれないと困る」――そういった声だ。

金利は高くなって当然

では、実体経済はどうだろう?

金融マーケットからすると、株高継続のためにも金利は下がってほしい。ところが、生活者や企業経営者からすると、インフレ高進は困る。インフレ抑制のためには、ある程度の金利上昇は認めざるを得ないとなる。

そもそも経済活動は金利があってのもの。それなのに、金利をゼロにして経済活動の活発化を期待するなんて矛盾もいいところ。経済が動くわけがない。

たしかに、リーマンショックのような非常事態時には、ゼロ金利の導入も必要だったかもしれない。

しかし、それはあくまでも非常時の一時的な手段である。いつまでもゼロ金利を続けると、経済全般に甘えがはびこってしまう。

現に、ヨーロッパや日本では、ゼロ金利に甘えるゾンビ企業が大量に発生しているとのこと。金利がゼロで資金はいくらでも借りられるといった、甘ったれた経営環境では、どの企業でも経営者の意識は弛緩するだけだ。

振り返ってみるに、70年代から過剰流動性がどんどん積み上がっていった中で、金利はずっと低下傾向にあった。米国の長期金利で見ると、1983年からなんと40年間も下がり続けてきたわけだ。

それに慣れ切って、企業経営者も社会全般も「金利は下がるもの」「金利は低いもの」が常識となってきた。もちろん、金融マーケットからすれば大歓迎ではあるが。

そういった金利のない甘ったれた経営環境で織り成されてきた経済は、いってみれば張りボテである。中身のない張りボテの経済と、その上を踊ってきた金融マーケットでのマネーゲームだ。

どちらも、インフレと金利上昇にはからきし弱い。

ここへきての世界的なインフレ圧力と金利上昇は、張りボテの経済や金融マーケットに突きささってきた、実体経済からの刃である。中身がないから、刃がプシュッと突きささるや、あっという間にしぼんでいく。

地政学リスクは実体経済を襲う

83ページでも言及したが、世界各地域での貧困化から発する賃上げ要求にはじまって、部族間対立や民族間対立、権威主義的政治の台頭や資源の囲い込みなどは、どれも実体経済に直接影響を及ぼす。インフレや金利上昇と同様に、人々の生活や企業経営を大きく圧迫する。

長く米国社会の豊かさと繁栄の象徴だった中産階級の没落も、やはり世界の実体経済から突きささってきた刃と考えられる。米国民の１％にすぎない富裕層が、全米の金融資産の35〜36%を所有するという異常さも、金融マーケットの独走あってのこと。

さらにいうと、金融を緩和して資金を大量に供給すれば経済は成長すると唱えるマネタリズムの限界でもある。実際、この40年あまり金利は下がり続け、大量のマネー供給はどんどん深掘りされてきた。

その横で、世界経済はさほど成長していない。それどころか、世界各地で多数国民の低所得化や貧困化が、どんどん深刻化している。

ひとり、金融マーケットだけが株高をはじめマネーゲームに沸き立っている。こんな状態が果たしていつまで続くものか。

中国経済が次の火薬庫に？

中国の不動産不況は相当に重症化しているようだ。住宅と不動産関連ビジネスが中国経済の30％を占めるといわれており、その分野の不振は中国経済に重くのしかかってきている。

融資平台と呼ばれる地方政府の収入源の投資会社も、不動産不況の直撃を受けて経営は青息吐息とのこと。

もともと中国経済は、世界第1位の巨大人口を抱える超大型市場であり、かつ世界の工場として世界中から資本がどんどん流入してきた。それを受けて中国経済は大発展を遂げてきた。

ところが、最近は海外資本の流出が顕著となっている。これまでの中国経済の大発展を支えてきたのは海外からの資本である。ちょうど、18世紀から20世紀前半にかけて米国経済の大発展をヨーロッパ資本が強力に支えたのと同じである。

その米国だが、著しい経済発展で資本の蓄積も進んだ。そして、20世紀初頭には世界最大の経済大国へとのし上がった。

一方、中国は世界第2位の経済大国となったものの、資本の蓄積はまだまだである。それに加え、新疆《しんきょう》ウイグル自治区での強制労働問題などもあり、世界は資本を引き上げつつある。

中国共産党と習主席による権威主義的政治に対する不安も高まっている。台湾問題はじめ対外問題も懸念材料である。

いま中国はいろいろな問題を抱えている。それらのどこから火を噴くのか、あるいは世界のどこで金融マーケットが崩れだすのかは、神のみぞ知るのところ。

どこが発端であれ、中国経済に激震が走るのは避けられまい。

マネーゲームは、いつ終わってもいい

40年越しの世界的な金融緩和に乗ってきたカネ余りバブルだが、もういつはじけてもおかしくない。

国際金融協会によると、世界の総債務つまり借金勘定は、315兆ドルに上る。国や金融機関・企業そして個人の借り入れ勘定が、世界経済（GDP）の333％にもなっているのだ。

その世界の総債務だが、リーマンショック後の12年ほどで、さらに世界経済ひとつ分膨れ上がったとのこと。それらは、ゼロ金利と大量のマネー供給の上に積み上がったわけだ。

いまや、世界的なインフレ圧力と金利上昇という実体経済からの刃が突きささってきている。ゼロ金利をベースとした借り入れ契約のどれもが、借り換え時には高くなった金利の支払いという負担に直面する。

世界経済ひとつ分の借金だ。その借り換え時に、どんな不測の事態が発生するか要警戒である。たとえば、信用力の低い発行体企業などによるジャンク債は、もういつデフォルト（債務不履行）に陥ってもおかしくない。

すでに、インフレ台頭と金利上昇によって、発行体企業の経営が揺らぎだしているのは間違いない。そうした企業が、借金の借り換え時に果たして5％などの金利を支払えるのかどうかだ。

ジャンク債の一角にでもデフォルトが発生すれば、他のジャンク債すべてに投資家の不安感が襲う。それは、疑心暗鬼が生ずるというよりも、インフレと金利上昇によって「ついに来るものが来たか」という認識だ。

来るもの。それは、金融緩和バブルのはじけであり、マネーゲーム終了のホイッスルである。

5
章

マネーゲームの行き着く先とは

マーケットの暴落なんて、いとも簡単にはじまる

世の投資家は暴落相場を、やたらと恐れる。みなが口をそろえて、「大変な事態となった」「えらい投資損を食らった」「大きな評価損を抱え込んでしまった」と、嘆いたり悔やんだりで大騒ぎする。

ここで、ちょっと考えてみよう。そもそもからして、暴落相場とはなんなのか？　いつ起こるのか？　誰が大騒ぎするのだろうか？

暴落相場は、一体全体どうして発生するのだろう？

知れたこと、多くの投資家が買って買って買いまくり、みなで大きな上昇相場を演出してきた。その最期に、暴落相場がやってきただけのこと。

たしかに、投資家はもちろん、市場関係者やマスコミはこぞってマーケットが暴落

したと大騒ぎする。だが、その寸前までは一体どんな展開だったか思い出してみよう。

多くの投資家が、もっともっと上値があると期待して買いまくってきたはず。だから、株式市場なりの相場が天井知らずで上がっていた。

しかし、なにごとにも限度というものがある。すごい上昇相場に乗って、どの投資家も腹一杯に買ってきた。そして、もうこれ以上は買えないとなってくる。すると、さしもの上昇相場も上げのピッチが落ちてくる。

そうなってくると、高値警戒感がマーケットを支配しはじめる。これまで買い一方できたわけだが、「投資家の誰かが、売りを出すのではないか」といった疑心暗鬼になりだす。

そんな折に、ちょっとした悪材料が出るや、マーケットは瞬間反応で下落に転じる。それを見て、疑心暗鬼にとらわれはじめていた投資家たちは「やはり売りが出だしたな」といって、一斉に売り逃げに走る。

山高ければ、谷深し

もうこうなってくると、マーケットなんてものはもろい。まわりは、買いまくってきた投資家たちばかり。そこへ突然、暴落相場に見舞われたのだ。もう買う人はいない。

それどころか、その寸前まで買いまくってきた投資家たちが、今度は一転して売り急ぎの注文を出しまくる。それも大量に。その売りが、暴落相場をさらに加速させる。かくして、暴落相場を奈落の底にまで叩き落とす。

ここでまた考えてみよう。

もし普通の相場展開が続いていたのなら、投資家たちも市場関係者やマスコミも、「単なる下落相場だ」くらいの受け取り方で終わる。暴落相場だとかで、それほど大騒ぎすることもない。

ところが、カネ余り株高に乗って、買いまくってきた投資家たちだ。みなが腹一杯に買い持ちをしている。相場が下げに転じたとしても、もはや買い支えの資金は残っていない。

それどころか、どんどん膨らませてきた買いポジションの損失を、できるだけ小さくしようと必死の売り逃げに走る。それまで買いまくってきた投資家たちが、一斉の売り逃げに走るのだ。暴落相場は、もう奈落の底へ一直線となるしかない。

これだけ長く、かつ強烈なカネ余りのマネーゲームを繰り広げてきた株式市場だ。とんでもない暴落となるのは避けられまい。

まさに、山高ければ、谷深しだ。

資産デフレにのたうちまわる

カネ余りバブル高を続けてきた株式市場が暴落に一転すると、個人投資家も機関投資家も大きな投資損失を抱え込む。それは避けられない。

個人投資家の場合は、「しまった、大損した」と嘆いたり、最悪なら破産して夜逃げに走ったりと千差万別だが、いずれにしても、自分の問題として終わるだけ。

一方、機関投資家や企業など法人投資家は大変である。いずれも巨額の投資損失をこうむると同時に、投資家顧客への運用責任や資金提供先への返済義務を果たさなければならない。これは、きつい。

その寸前までは、ごきげんで膨れ上がっていた投資勘定だ。暴落相場で一挙に大きく目減りする。株価などがドスーンと下がった分だけ、資産勘定は蒸発したかのように大きく目減りしてしまうのだ。

一方、投資家顧客からの預かり運用契約や金融機関などからの借り入れ勘定は、まるまる残っている。資産勘定の大きな目減りに対し、そのまま残っている預かり運用分や借り入れ勘定との差額を「資産デフレ」という。

それまで、もっともっと儲けようと買い上げてきた上昇相場だ。それが暴落すると、必ず巨額の資産デフレが発生する。その資産デフレは機関投資家や法人投資家に、ずっしりと重くのしかかってくることになる（次ページの図表1参照）。

機関投資家の場合で見ると、運用していた投資勘定が大きく目減りしてしまった。それをなんとかしようにも、マーケット全般がもとに戻ってくれないことには、どうにもならない。かくして、運用成績の大幅悪化を投資家（顧客）に報告することになる。

年金など運用を委託していた顧客サイドでは、預けていた資産が大きく目減りしてしまった。「さあ大変、年金の給付などに支障をきたす。どうしたものか」と頭を抱えるが、暴落した相場はそう簡単に戻りそうにない。

〔図表1〕 資産デフレの恐ろしさ

・暴落で蒸発してしまった資産勘定に対し、まるまる残った負債勘定を返済しなければならない
・経済全体では、カネ余りから資金不足に

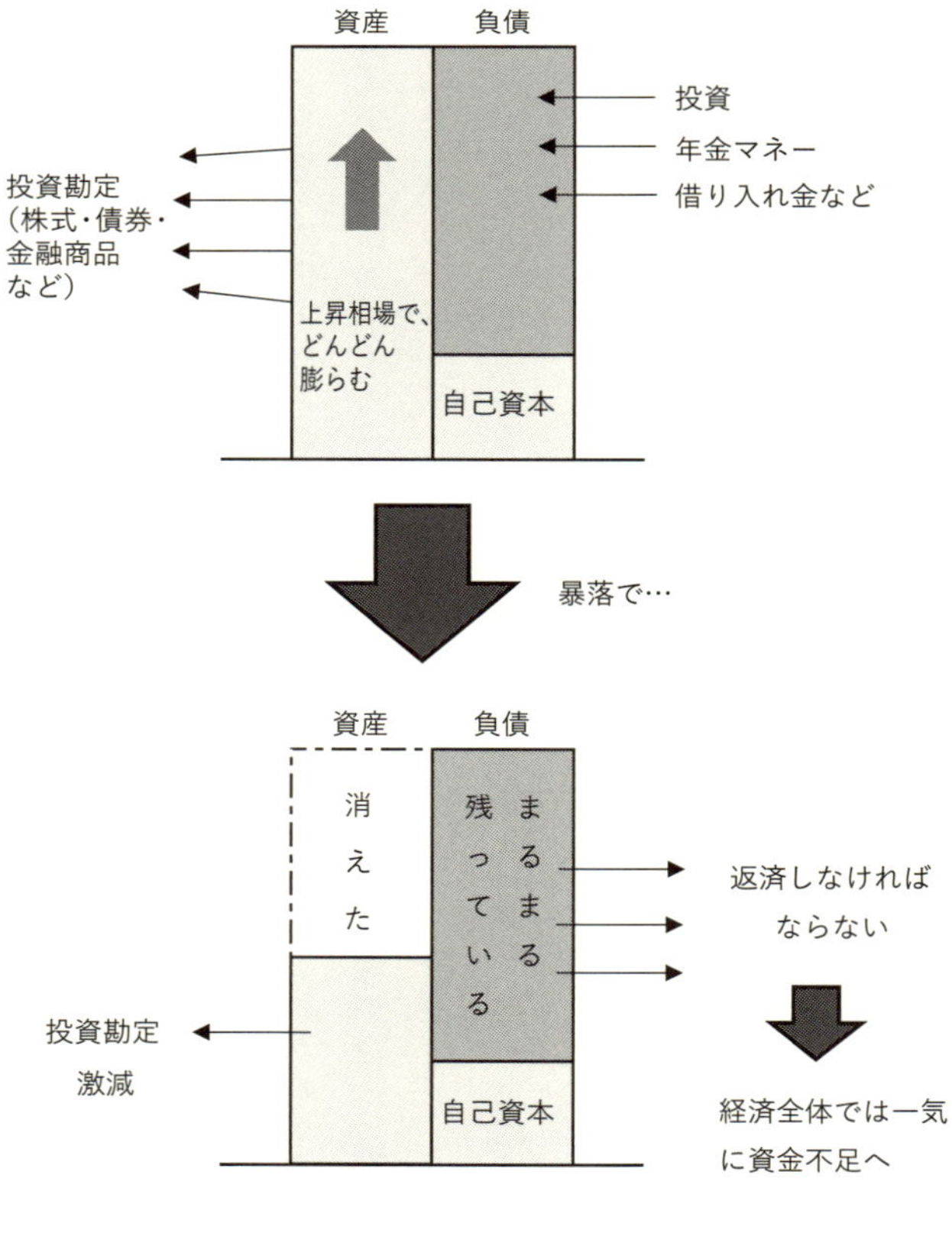

他方、企業など法人投資家も財務にポッカリと空いた損失で頭を抱える。資産は大きく目減りした。それに対し、まるまる残った負債勘定を返済していかねばならないのだ。

このように、暴落相場で必ず発生する資産デフレは、機関投資家や法人投資家を大いに苦しめる。その先では、年金資産などの大きな目減りが社会問題となる。また、法人投資家の間では経営破たんも相次ぐことになる。

カネ余りが、一気に資金不足に

もうひとつ、やっかいな問題がある。巨額の資産デフレ発生で、経済の現場が突如として資金不足に陥るのだ。どういうことか？

株式市場などマーケットの暴落で、それまで買い上がってきた資産勘定の大きな部分が蒸発したように消えてなくなるのだ。

ところが、一層の儲けを期待して投資したり貸し付けたりしてきた勘定は、まるまる残る。こちらは、カネ余りの勢いに乗って次々と投入してきた実弾である。

その実弾の大きな部分が、投資先で蒸発してしまったのだ。つまり、暴落相場で巨額のマネーが蒸発したかのように消えてなくなったわけだ。

投資勘定はそれまでの上昇相場に乗って膨れ上がってきた。いってみれば、「あるはずだ」の資産勘定である。あるはずだの投資に向けて、放り込んできたマネーは実弾である。その実弾の大きな部分が消えてなくなったのだ。

これが、暴落相場が必ずもたらす資産デフレ、つまり深刻なカネ不足である。いまのカネ余り経済では信じられないだろうが、一転して世の中はカネ不足となり市中の金利は急上昇する。

市中の金利が高くなるのを、「市場金利の上昇」という。経済の現場で市場金利が上昇しはじめると、もう誰も止められない。いくら日銀が政策金利を低く抑え込もうとしても、市場金利の上昇には勝てない。

市場金利の上昇は、債券市場の暴落を招く。債券価格は金利動向に反比例するものだから、もう避けようがない。

債券市場も大崩れする

株式市場の暴落で発生する資産デフレが市中の金利上昇を招く。それが、債券市場の大崩れの引き金となる。

あるいは、先にも書いたように、ジャンク債などのデフォルトによって、債券市場が先に崩れだす可能性も大ありだ。

どちらにしても、世界の債券市場の大崩れによって債券の流通利回りは急上昇する。とりわけ、長期金利の上昇は1983年以来で、41年ぶりのこととなる。世界のほとんどの債券投資家にとっては、完全に未知の体験である。

なにしろ、この40年あまり安全確実な投資対象として信じ込んできた債券だ。それが暴落するなんてと、世界の債券投資家たちは大パニックに陥ることになろう。

そして、やみくもな債券売りに一転する。世界中の投資家が債券の売り逃げに走れば、債券はもう一直線の棒下げ相場となるしかない。

債券価格は常に金利と反比例した動きをする。債券のどこか一角が売られると、売られた債券の流通利回りは跳ね上がる。すると、跳ね上がった利回り水準にまで、他の債券すべてが売り込まれる。つまり、債券相場全体が大きく下がる。

すると、やっかいなことに信用力の低い企業などが発行している低格付け債は、より低い価格水準まで売り込まれる。今度は、その価格水準の流通利回りに向けて、他のすべての債券が売り込まれる。

かくして、ひとたび債券相場が崩れだすと、債券価格の下落と流通利回りの上昇が、互いに影響し合いながら債券市場は一直線の暴落となっていく。

この動きがはじまると、もう誰にも止められない。なにしろ債券投資家たちが一層の価格下落を恐れて、保有している債券を売るのは自由なのだから。

長期金利の急上昇

債券市場の大崩れは、債券の流通利回り、つまり長期を中心とした金利全般の急騰を招く。その影響は経済活動全般に及んでいく。

まずは、金利上昇がコスト上昇要因となって、企業経営全般を圧迫する。金利コストの急上昇に耐えられない企業は、たちまち経営不安に追い込まれる。そして企業倒産が多発する。

すると、企業に融資していた勘定の一部あるいは相当部分が焦げついて、銀行は多額の不良債権を抱え込む。場合によっては、銀行の経営基盤が揺らぐことにもなりかねない。

長期金利が急上昇し、企業経営が大きく揺れはじめ、銀行も不良債権に苦しみだすと、株価全般は叩き売られる。なにしろ、金利上昇は世の中のカネ余りを、資金不足へと一転させてしまうのだ。その上に、企業や銀行の経営への不安視が重なる。

そうなると、どの投資家も売り逃げに走る。その先はもう、修羅場である。株価全般は奈落の底へと落ちていくし、債券相場の大崩れで長期金利はさらに上昇するという悪循環に陥る。

国や日銀などの中央銀行が、なんとかしてくれる？　もう、なにもできない。国も中央銀行も残念ながら、打つ手がない状況に陥っていこう。

そう、リーマンショック時とは、状況がまったく違う。なにしろ、世界的なインフレ圧力で金利が上がってきてしまっている。どの国も対策予算に新規国債を発行しようにも、金利コストはとてつもなく高まっている。

なによりも、債券市場が大崩れとなっている。新規国債を発行しようとしても、その引き受け手がいない。

一方、各国の中央銀行はインフレとの闘いに直面しているのだ。もはや、そう簡単に金融緩和政策をとはいかない。下手に金利を引き下げると、インフレの火に油を注ぐことになる。

日銀も国も火の車に

日銀は？　これまでの異次元とかの資金供給で、もうすでに国債発行残高の53％ほどを所有している。ゼロ金利をいいことに、大量に保有してきた国債だ。その価格が急落しだしたとなれば、巨額の含み損の発生で、もはや安穏としてはいられない。

さらにやっかいなのは、これまで金融機関から買い入れた国債について、その代金は支払わず、日銀への当座預金として積ませてあること。その当座預金への金利支払いが発生する。市場金利の上昇が、日銀の財務に重くのしかかってくるのだ。

そうなってくると、国や日銀はもはや金融不安解消や経済対策どころではなくなる。どちらも、火の車となった台所を抱え、右往左往することとなる。ちょっと大げさすぎ? いや、そうともいえまい。


たとえば、国の借金は昨年末で1268兆円となっており、うち1100兆円ほどが国債発行に頼っている。そして、毎年の予算計上で40兆円近い新規国債の発行と、満期が到来した国債の借り替え分とで、100兆円を超す国債発行をずっと続けている。

それらの国債発行には、金利上昇分の利払いコストが確実に上乗せされる。その分だけ予算は膨らみ、ますます国の財政運営が厳しくなる。

日銀に至っては、債券相場の大崩れで、保有国債の評価損拡大と日銀当座預金の利払い負担の発生で、財務は一気に悪化する。いくら日銀が保有する国債は時価評価しないから評価損の拡大は問題にならないといっても、財務の急悪化は公然たる現実。日銀の信用力は大きく毀損《きそん》しよう。それは、日銀券の信用力の大幅低下、すなわちインフレ加速要因となる。

さらには、日銀が保有する簿価37兆円の株式ETF（上場投資信託）問題がある。いままでこそ株高で30兆円前後の評価益があり余裕を持っているが、そんなもの株価下落で一気に吹っ飛ぶ。

あっという間に大きな評価損を抱え込むことになった株式ETFだ。もはや、売るに売れない状態に追い込まれて、日銀は身動きがとれなくなろう。

そもそも、中央銀行が株式や株式ETFを購入するなんて、あり得ないこと。前日銀総裁は異次元の金融緩和とかで、デフレ対策の成果を豪語してきたが、その後始末は大変である。

暴落を恐れるな

異次元の金融緩和とやらで、世界の株価をはじめ債券や不動産などのバブル高が続いてきた。どうやら、それも終わりに近づいているといえよう。そう、もういつバブル崩壊でマーケットの暴落が襲ってきても、おかしくはないのだ。

人はともすると、株価暴落などと聞くや、大変なことになるのではと身構えてしまう。そして、マスコミなどの大騒ぎに振りまわされて、やみくもな警戒心でガチガチとなる。

本章の後半では「暴落といっても、どうってことないよ」ということを、いろいろな角度から書いていこう。そうしないと、読者のみなさんも怖がって、資産づくり投資をはじめられないかもしれないから。

まずは、株価暴落だ。いま、日本株でも米国株でも、よく見てみると、おもしろいことがわかる。日本株市場では、一部の企業とりわけ半導体やＡＩ関連の産業分野が、やたらと人気を博している。

米国株市場では、ＧＡＦＡＭやMagnificent seven（輝ける7社）と呼ばれる企業群の株が突出して買われている。どれも、すさまじい成長力と市場支配力が高評価されている企業ばかりだ。

そういった高成長企業は、文字通り業績のすごい伸びと、将来可能性がマーケットで高く評価されている。それはそれでいい。

きちんと頭を整理したいのは、そこから先だ。

それら企業の抜群の成長力や将来可能性は誰もが認めるところ。そうはいうものの、問題は株価だ。すごい業績や将来可能性を、はるかに上回るところまで株価が買い上げられているではないか。

市場での人気化とは、そういうものである。人気が人気を呼んで、どんどん買い上げられるのだ。バブル買いの結果、いつも実体をはるかに超えた水準にまで、株価は買い上げられる。

そして、どんなにすごい人気株相場も、いつかどこかで天井を打つ。そして相場は売り逃げに一転して、暴落となっていく。

その暴落だが、投資家たちが買いまくってきた企業の株が、今度は一斉の売りを浴びるわけだ。ものすごい人気化で、やたら高く買われてきた企業の株価ほど、激しく売られるのは当然のこと。

すべての株価が暴落するのではない

一方、いつの上昇相場でもそうだが、株式市場での人気から見捨てられてしまったような企業が結構ある。それら企業の株価は大して上がっていない。むしろ、下がっている銘柄すらある。

ところが、株式市場が暴落相場に一転するや、マスコミ報道では株価全般が大暴落に陥ったかのような大騒ぎとなる。一部のやたら買われてきた銘柄群の暴落にすぎなくても、十把《じっぱ》ひとからげで株式市場全体の暴落と報道されるわけだ。

やっかいなことに、いわゆる人気企業は日経平均株価などへの上昇寄与率が高い。下がる時はその逆だから、日経平均株価も一緒に大きく下がる。それを見て、日本株全般が暴落したと報道される。

そういったマスコミ報道に多くの投資家たちは怯えてしまう。運用のプロであるはずの機関投資家も、ひたすらマーケットに追随するをもって運用としている。だから、平均株価が暴落したとなれば、それが運用成績悪化に直結するから大騒ぎする。

おわかりいただけるだろうか。われわれ本格派の長期投資家は、「なにを、そうも騒いでいるのだ。ずいぶんと人気化して派手に買われてきた企業の株価が、下がっているだけじゃないか」と、落ち着いたもの。

むしろ、これはと狙っていた企業の株価も大きく連れ安してくれたら、「ありがとう」といって買いにいく。せっかくの安値だ、買っておかない理由はない。

このように、株価大暴落となっても、慌てる必要はない。これまで大きく買われてきた株が、激しく売り叩かれているな。そのぐらいの気持ちで暴落相場を眺めていればいい。

今度の暴落はケタ違いに大きい？

ともあれ、史上空前の金融緩和バブルがはじけるのだ。ここまで書いてきた通常の暴落相場とはケタ違いの悲惨なものになろう。

おそらくだが、２００８年9月に発生したリーマンショックをはるかに超える暴落となろう。溜まりに溜まってきた暴落のマグマは、ちょっと想像を絶するほどの大きさと覚悟したい。

ひとつイメージの参考にできるのは、世界の総債務残高の大きさだろう。4章でも取り上げたが、国際金融協会による統計では、世界中の国をはじめ企業や金融機関そして個人の借金残高は、世界のGDPつまり世界経済の333%に達するという。

その借金残高だが、この12年ほどで世界経済まるまる1個分が膨れ上がったという。それらは、米欧日の先進国がゼロ金利政策を導入していた間に積み上がったものだ（93ページ参照）。

それに対し、いまや米国の短期金利は5・25〜5・5%と上昇している。長期金利は、4・5%台だ（86ページ参照）。日本でもゼロ金利を解除して、長期金利は1%台に乗せてきた。

ということは、ゼロ金利時代の世界経済1個分の借金契約について、その借り換え時の支払い金利は大幅増加を避けられない。

米国で見ると、4～5％に跳ね上がることになる。とんでもない金利負担の増加である。この一例をとっても、史上空前の金融緩和で積み上がってきた暴落マグマの大きさが、どれほど巨大かイメージできるだろう。すさまじい暴落となろう。

果たして、米国財政はじめ企業や金融機関そして個人が、その金利負担に耐えられるだろうか？

最初に悲鳴を上げるのは、世界の債券市場だろう。債券価格が大きく値下がりして当然である。

その時は、金融マーケット全般が総崩れとなり、収拾のつかない大波乱は免れないだろう。バブル買いされてきた株式はもちろんのこと、人気圏外だった株式も一緒くたに売られよう。

いざ、そうなっても、われわれ本格派の長期投資家は慌てない。通常の暴落相場と変わらない投資行動をとるのだ。

まったく慌てない？　そう、たとえリーマンショックをはるかに超えた大暴落となろうと、金融市場が崩壊するとかの大騒ぎとなっても心配は無用。

金融マーケットや経済の現場でどんな異変が起ころうと、地球上81億人を超す人々の生活は消えてなくならない。それを支える企業の生産供給活動も一時として止まらない。

そう、実体経済はなにが起ころうと存在している。ということは、本格派の長期投資は、なんの支障もなく続けられるのだ。むしろ、ますます応援買いの出番である。

たとえ、世界経済や金融マーケットの混乱が3年、5年と続こうと、その間ずっと応援買いした株式を保有していればいい。大暴落の後だ、株価が戻りに入れば簡単に3倍、5倍の株高となろう。すごい投資収益を確保できる。

インフレ？ 金利上昇？ そんなのあって当たり前

次に、インフレや金利上昇だが、そんなの到来して当然と積極的に受け止めよう。むしろ、資産づくり投資に活かすのだ。

ここまで本書でたっぷり書いてきたが、世界的なインフレ台頭や金利上昇は、ごく自然の流れである。どう抑え込むかではなく、この流れを資産づくり投資にどう活用するかを考えよう。

世界的なインフレ台頭の根っこには、世界中で起きている多くの人の低所得化や貧困化、それにともなう地政学リスクの高まり、世界経済グローバル化の反動、地球温暖化による気候変動など、いろいろな要因が複雑に絡んでいる。

そしてなによりも、40年越しの世界的なマネーの過剰供給がある。お金をやたらバラまけば、インフレになるに決まっている。

ここで考えておきたいのは、「お金を大量にバラまけば」のマネタリズム政策が限界にきていることだ。金利を下げて資金を大量に供給すれば経済は成長すると唱えるマネタリズムだが、さほど成果はなかった。

それどころか、金融マーケットの大発展と一部の高所得者層へ向かって、富の集中が極度に進んだ。それが金融資本主義につながり、世界の企業経営を株主優先の短期利益追求に追いやった。


また、金融至上主義による資本の論理が、世界経済のグローバル化を歪めてしまった。すなわち、新興国や途上国にこれでもかこれでもかと低価格生産を競わせることで、世界の多くの国々で富の収奪が横行し、人々の貧困化を助長した。

これら、いろいろな経済問題が膨れ上がってきたところで、世界的なインフレ台頭となってきたわけだ。それが、まわりまわって、いよいよ先進国の国民の生活をも圧迫しだした。

そう考えると、インフレも金利上昇も実体経済から突きささってきた刃であり、相当に根の深いものといえる。さらには、マネタリズム経済に対するアンチテーゼでもある。

すなわち、お金をバラまけば経済は成長するとするマネタリズムは、もう限界である。いろいろな問題が噴き出てきた。次に起こるのは、経済本来の姿である「需要と供給でもって動く」実体経済への回帰だ。

人為で金利や株価を抑え込む政策の限界

マネタリズムを唱えだしてからの、この四十数年間というもの、人為でもって市場をコントロールしようとする傾向がどんどん強まってきた。政府や中央銀行による市場介入が、その典型例である。

経済はもともと好景気と不景気を繰り返すもの。それを、景気循環という。ところが、世界はこの40年間、不景気つまりリセッションを回避しようと、国や中央銀行が資金を大量に供給したり、金利を大幅に引き下げたりなどの対策を打ってきた。

その結果、経済活動の主体であるべき企業や個人などの間で、国に対する甘えをますます助長してしまう。その一方、国や中央銀行は財政赤字や財務肥大化がどんどん進んでいく悪循環となる。

健全な経済であれば、不況突入で競争力に欠ける企業は脱落していく。すると労働力は、脱落企業からより強い企業へと移っていく。労働力の再分配が自然と進んでいくわけだ。これを不況の効用と呼んでいる。

ところが、リセッション回避だ、ゼロ金利政策だとやっていると、企業の新陳代謝は進まず、ゾンビ企業を大量に生んでしまう。

税金に甘えて生きているようなゾンビ企業は、自分の力で生きていけない。だから、国の負担はどんどん大きくなっていく。

そういった悪循環に陥って、みるみる弱体化していった典型例が、この34年間の日本経済ではないか。国民もすっかり国頼み体質に染まってしまい、「ゆでガエル」になろうとしている。

幸いなことに、インフレ到来と金利上昇で、もう国も日銀もそれほど手は打てない。国民ひとりひとりが自助自立の意識を高めないと、どうにもならない状況になってきている。

自分で考え、自分の飯は自分で稼ぐ。そういった経済では当たり前の姿に戻りつつあるのだ。

結構なことではないか。その移行過程での金融マーケット暴落と経済全般の大混乱だ。これは避けて通れない道と覚悟しよう。

その先では、実体経済をベースとした、より健全な経済が待っている。われわれ本格派の長期投資家からすると、「待ってました」の展開となる。

第2部

「資産づくりの投資」をはじめよう

6章

世に一般的な投資は、止めておけ

いろいろな投資があるけれど

投資といっても、それこそ千差万別である。というより、世の中で投資といわれているものには、「えっ、そんなのも投資なの」というものまである。

いよいよ第2部では、「資産づくりの投資」に入っていこう。その前に、世の中で投資といわれている主なものを、ちょっと洗い出してみよう。それでもって、資産づくり投資との違いを、はっきりさせるのだ。

どれもこれも、「投資は難しい」「投資はリスクが大きい」につながるものばかり。だから、「そういうのは、止めておいた方がいいよ」と、いつも筆者はアドバイスしている。

まず第1として、世の中で投資とされているひとつに、「ディーリング投資」というものがある。個人のデイトレーダーなども、それに入ってくる。

個人のディーリング投資や機関投資家によるディーリング運用は、株価などが時々刻々と変動するのを、ひたすら追いかける。価格変動をとらえて、タイミングよく売買しては、その値幅を稼ぐ手法である。

その行動は単純そのものである。安く買っては、高く売り抜ける。あるいは、高値を売っておいて、安値で買い戻して値ザヤを抜く。

とにかく、追いかけるは価格変動のみ。パッと買ってパッと売る、あるいはその逆をやってのけるだけ。だから、動物的な瞬発力が求められる。

ディーリング投資では、マーケットに密着して株価などの値動きを機械的にとらえていくだけ。なので、下手に相場の読みなどにこだわる行為は無用。時々刻々の価格変動を、どれだけ無機質にとらえていくかだ。

日本に多い順張り投資

次は、相場人気を追いかけるタイプ。

いわゆる「順張り投資」というもの。こちらは、値上がりしそうな株をいち早く見つけて飛び乗る。そして、株価が大きく跳ね上がったところを売って、利益を得ようとする。

日本には、このタイプの個人投資家が圧倒的に多い。運用のプロとされる機関投資家も、大半がこの順張り投資派である。

生保や信託銀行といった日本の機関投資家は、昔から巨額の運用資金を背景に、いつもたっぷりと売買手数料を落とす。それもあって、大手証券から優先的に銘柄情報を得ていた。

大手企業や、銀行をはじめとする金融機関なども、増資や債券発行時に巨額の引き受け手数料を落としてくれる。大手証券にとっては、重要な法人投資家顧客である。

当然のことながら、銘柄情報などが優先的に提供された。

その仕組みは、こういうことだ。

大手証券の事業法人部や金融法人部は、株式本部からの「今度は、この投資テーマ、あるいはこの銘柄を集中的に取り上げるぞ」といった情報を、いち早く大手企業や金融機関そして機関投資家に流す。

そういった耳打ち情報でもって、早めの買い仕込みを勧めるわけだ。大手の法人投資家たちが買いはじめるや、その投資テーマやイチ押し銘柄の株価は徐々に、そして途中から急ピッチの上昇となっていく。

その上昇相場を背に、証券各社は一般投資家に大々的な営業をかける。「いま、この投資テーマが大人気ですよ。関連企業の株価も、勢いよく上がってきています。早いうちに買った方がいいですよ」と営業するわけだ。

かくして、上昇相場はどんどん勢いを増していく。これが、大手証券会社が株高を仕掛け、それに多数投資家たちが参加していく順張り投資というものである。

そう、値上がり株をみなで追いかける順張り投資は、証券会社の営業とも相性が良く、いってみれば全員参加型だ。それもあって、日本では株式投資は、「値上がり株につこう」につながっていく。

そういった順張り投資だと、自分の投資判断と銘柄選択でもって、安値をさっさと買っていくなんてことは不要。それよりも、株価が上昇しはじめるのを目ざとく見つけようとし、値上がりしそうな銘柄の情報入手にシャカリキとなる。

値上がりしそうな銘柄情報を入手しようとすると、証券会社とひんぱんに連絡をとるしかない。かくして、証券マンとしっかりタッグを組むわけだ。

これが日本に多い、かつ伝統的な株式投資スタイルである。

逆張り投資も、相場ありきの投資スタイル

一方、第3として逆張り投資というものもある。こちらはいま現在、投資家人気から外れているが、どこかで人気になるであろう銘柄を拾っておこうとする投資スタイルである。

いま、株式市場を大いに沸かしている投資テーマや人気銘柄を追いかける順張り投資からは対極にある。そういった逆張り投資は、投資家たちが独自の判断とタイミングで株式を買っているかに見える。

とはいっても、彼らはいまの順張りテーマや銘柄の次に来るであろう相場に賭けているだけのこと。

しょせんは、順張り投資と同様に相場を意識してのもの。つまり、はじめに相場ありきの投資スタイルである。

逆張り投資は、いま人気圏外の株を買って、そのうち相場人気が高まるのを待とうとする。それもあって、人気銘柄に飛びつく順張り投資とは違い、高値づかみする心配はない。ただし、どこかで人気化してくれないと期待外れとなってしまう。

順張り投資も逆張り投資も、相場次第という弱点がある。株式市場全般が長期低迷している時などは、なにもできない。

もちろん、証券会社などはなんとか株高ムードを高めようと、ありとあらゆる努力で株買いを仕掛けたりする。しかし、いかんせん株価低迷時は投資家全般の株買い意欲が低い。それもあって、なかなか上昇相場にもっていけない。

このように、相場の勢いに乗って儲けようとする投資は、安定度も再現性も低い。昔の帆船時代の頃がそうだったように、港でじっと風待ちするようなもの。

それが、順張り投資ならびに逆張り投資の弱いところである。なかなか資産づくりにはつながっていかない。

さらにいけないのは、うまく上昇相場に乗ったものの、順張り投資ではさっさと利益確定の売りを出せないことだ。買うのも相場を待っての投資スタイルだから、売るのも相場次第となり結局は暴落相場までついていってしまう。

順張り投資も逆張り投資も相場ありきで、自分の投資リズムなんてものは、そもそももっていない。それが故に、自分で投資判断ができないのだ。これが弱いところである。

テーマ追いかけ投資の弱点

さらには、第4の投資スタイルとして、テーマ追いかけ型というスタイルもある。

こちらは、急成長するであろう企業や産業に狙いを定めて投資しようとする。いろいろ情報を集めて勉強し、その将来可能性を見込んで投資するスタイルだ。こちらは株式投資で一番の醍醐味ともいえる。

昔から、あまたの投資家が大当たり株を見つけてやろうと、さんざっぱら夢を見てきた。また、そういった大出世株が株式市場では、次から次へと登場してきている。

この投資スタイルで強いのは、自分の仕事なり趣味なりの延長線で大成長が期待できる企業に、ふと出会えたりすることだ。そういった意味では早い段階で株を買えるのはたしか。だから、とんでもない値上がり益を享受することができる。

といっても、その企業が本当に一大成長するかなど、誰にもわからない。それこそ、まだ海のものとも山のものともしれない段階での投資である。

それもあって、ほんのちょっとお付き合い程度に株を買ったという人がほとんど。そんな、お付き合いで買った企業の株価が30倍とかに大化けしても、さっぱり嬉しくない。「しまった、大枚はたいて買っておけば良かった」と、地団駄をふむばかり。

笑ってしまうのは、そういった株価の大化け物語には、必ず尾ヒレがつくものだ。株価が30倍とかで億万長者が続出したとかの話が、マーケット内外を駆けめぐる。それで、人々の間で「株で一発当ててやろう」といった夢がさらに膨れ上がる。

また、「ビギナーズラック」というのも結構ある。たまたま株を買ったら、大当たりした。それで気を良くして株式投資にどんどんのめり込んでいく。その挙げ句、最後はスッテンテンになってしまう。そういった輩が数え切れないほど。

もうおわかりだろう。時たまの成功話は、株式投資の夢をどんどん膨らませてくれるのだ。株式投資には、それだけ人の投機心を煽るものがある。

はっきりしているのは、世の中そう思うようには儲けられないということだ。いつも「あそこで、買っておけば良かった」と、後で悔しがることしきり。

それが、株式投資の尽きない魅力である。ただし、それらと「資産づくりの投資」とは、まったくの別物である。そこのところを混同してはいけない。

読者のみなさん、ちょっとがっかりするかもしれないが、資産づくりの投資はずっと地味で地道なものである。その代わり、安定性も再現性も高い投資を実践していけるのだ。

残念ながら、一般的な投資は真逆をやっている。

一般的な投資は、すごく難しい

よく投資は難しい、リスクが大きいといわれる。たしかに、これまで数え切れないほど多くの人々が、投資とやらで散々に痛い思いをしてきた。その教訓である。

世界の運用ビジネスで53年余りも生きてきた筆者も、つくづく思う。われわれのような、本格派の長期投資家は楽でいいなと。

本書でこの後じっくりと説明するが、投資が難しいとかリスクが大きいなんて、これっぽっちも感じない。

それに対し、一般的に投資といわれているものは、本当に難しいと同情したくもなる。なのに、多くの人々が性懲りもなく投資に挑戦する。いつの時代でも、株式投資でひと儲けしようとする人が後を絶たない。

それだけ、投資に人を惹きつける魅力というか魔力があるのはたしか。とりわけ株式投資は、株価の上昇をとらえれば誰でも簡単に儲かる、そう思えてしまう。そして、手を出したくなる。

でも、実際に株式投資をしてみると、なかなか思うようにはいかないもの。儲けようとすればするほど、投資損失の蟻地獄に引きずり込まれていく。その挙げ句、投資は難しい、リスクが大きいと後悔する。

あるいは、ちょっと試しに株を買った。そしたら、うまく儲かった。よし、この調子で大きく儲けてやろうと気合いを入れた。そのとたん、歯車が狂いだして、儲かるどころか損がどんどん膨れ上がっていってしまう。よくある話だ。

いっておくが、読者のみなさんも同じだ。ひとつ間違えると、投資損失の蟻地獄に引きずり込まれてしまう。

ではどうしたらいいのか？　一般的に投資といわれているものには手を出さないようにしよう。そして本書で学ぶ、資産づくり投資から一歩もはみ出ないこと。それに尽きる。

それでこそ、本格派の長期投資家になれるのだ。

儲けようと突っ走ってきた挙げ句に

一般的な投資では、みなが「儲けよう」「儲けたい」で目をつり上げている。どの株を買えば儲かるかとか、この上昇相場に乗れば大きく儲けられるぞとか、儲けることしか眼中にない。

これは個人投資家だけではない。運用のプロとされる機関投資家も成績を上げること、つまり儲けを追いかけることにシャカリキとなっている。

そういった個人投資家たちが「投資は難しい」とか、「投資はリスクが大きい」などと嘆く話もとどまるところを知らない。また機関投資家も運用のプロなどといっているが、そう大した成績を残していない。

たまたまこの40年ちょっとは、第1部で詳しく書いたように、歴史に例をみない長期の上昇相場が続いた。そのおかげで、私は投資で儲かってきたぞと、胸を張っていれただけのこと。

世界中の機関投資家たちも、そこそこの成績を背に運用資金をどんどん集めてきた。その運用成績とやらも、彼らは40年越しの上昇相場が続いたマーケットに乗っかっていただけなのだが。

見ていてごらん。もう時間の問題で、40年越しの上昇相場は崩れだす。いざ暴落相場ともなれば、個人投資家の多くも、世界中の機関投資家も、みなそろって真っ青になるだろう。

そう、個人投資家たちは「儲けよう、儲けよう」が「しまった、大損した。どうしよう」に一転する。それで、真っ青だ。

年金などを運用している機関投資家は巨額の投資損失と、売るに売れない大量の買い残高を抱えて、身動きがとれなくなる。そして、年金など投資家顧客への対応に追われて、やはり真っ青だ。

それはそうだ。個人投資家はみな「儲けよう、儲けよう」で、ひたすら株を買ってきた。機関投資家たちは、52ページでも述べたが「音楽が鳴っている間は、踊り続けなければならない」で、ぴったりとマーケットに密着して巨額の運用資金を運用してきた。

そのマーケットが大崩れとなり、そこまでの上昇相場が下落相場に一転するのだ。調子良く上へ上へと登ってきたのに、突然ハシゴを外されたようなもの。

個人投資家も機関投資家も、みな右往左往の大混乱に陥る。そして、やたらめったの売り逃げに走りだす。売れるものは売って、とにかく現金を手にしようとする。

マーケットは暴落に転じた。もはや、儲けるどころではない。一刻も早く売って、損失を最小限にしようと、みな必死になる。かくして、マーケットは売り地獄の修羅場と化す。

どの投資家も「儲けよう、儲けよう」で突っ走ってきた。みな買うばかりで、誰も売っていない。それで売り逃げの修羅場に叩き落とされるのは当然の結末である。

一般的に投資とされているものは、どれもこれも、この悲惨な結末から逃れられない。だから、またぞろ投資は難しい、投資はリスクが大きいと、多くの投資家が嘆くことになるわけだ。

「早めに売ればいい」というが……

暴落相場でみな右往左往するのなら、早めに売っておけばいいのでは？　相場が暴落する前に売って現金化しておけば、大慌てしないで済む。たっぷりと利益も手にできるはず。

そのような考えには笑ってしまう。それができるのなら、どの投資家も投資は難しい、リスクが大きいなどといって嘆くこともない。投資なんて儲かるに決まっている。そういって、みな胸を張れるはず。


ところが、世に一般的な投資では、ほとんどの人が早めの利益確定売りなどできやしない。そして、決まったように暴落相場を食らってしまう。

機関投資家もやはり早めに売りなんてできない。彼らは上昇相場を最後まで追いかける。その挙げ句、暴落相場に遭遇してしまい、大変な事態になったと大騒ぎする。それが毎度のことだ。

どれもこれも、一般的な投資では「儲けようとする」からのこと。「儲けよう」とシャカリキになれば、早めに相場から降りるなんぞ到底できない。「まだ上がりそうだ、もっと上値があるかも」で、ズルズルと相場についていってしまう。

だから、昔から「利食い千人力」という相場格言が残されているのだ。早めに売って利益を確保した方が賢いよと、先人たちが口を酸っぱくして教えてくれている。

そういった相場格言が、いつの時代でも重みをもっている。それは、どの投資家もみな儲けたい欲望に取りつかれてしまうからだ。「儲けよう、儲けたい」でシャカリキになっている、それが世に一般的な投資家たちの限界である。

お金持ちは、そこそこで売る

世の投資家のほとんどは「利食い千人力」の教えを守れない。というより、「もうちょっと頑張ってみよう」や「いや、もっと上値があるはずだ」で、相場を最後の最後まで追いかけてしまう。

その点、ほんの一部ではあるが、投資に熟達した個人は、そもそも違う。彼らは「早めに買って、早めに売る」を実践して、着実に資産を積み上げていく。それを繰り返すことで、お金持ちや資産家になっていくのだ。

昔から証券会社の間で伝説的に語り継がれている、スゴ腕の個人投資家といわれる人がいる。

その人は、暴落相場が一段落して、マーケット全体が低迷しながらも落ち着きを見せはじめたり、閑散相場といわれ誰も投資しようなんて気になれない時に、ひょっこりと証券会社の店頭に現れる。

そして、彼はボロボロに売られている株式市場の中で、大型株を中心に次々と買い注文を出す。ひと通り買い注文を入れて、代金支払いを終えるや、さっさと帰っていく。

こんな相場低迷時に買い注文を出すなんて、相当なお金持ちだろう。もっと注文をもらおうと、証券マンたちが入れ替わり立ち替わり営業に出向く。ところが、その個人投資家は門戸を閉じて一切の営業も受け付けない。

しばらく月日が経って、経済情勢や投資環境がずいぶんと明るくなってきた。株式相場にも活況が戻り、株価が大きく跳ね上がる銘柄も出はじめてきた。

そんなある日、くだんの個人投資家はまたひょっこりと証券会社の店頭に現れる。今度は、矢つぎ早に売り注文を出す。

証券マンはしきりに「株価上昇は、まだはじまったばかり。これからですよ、大きく跳ね上がるのは」とかアドバイスする。でも、彼はまったく聞く耳をもたずで、売りを続ける。

先だっての安値で買い入れた株式を、全部きれいさっぱり売り終わったら、彼は満足気に家へ帰っていく。一応は、「ありがとう」と言って。

ボロボロに売り叩かれていた頃に買っておいたから、結構な投資収益を手にした。それでごきげんというか、しごく当然という顔をしている。ひと勝負終わったという顔つきで、だ。

その後、株式市場の活況がさらに増して、株価全般がどんどん上昇しだしても、彼は知らん顔。証券会社にも寄りつかず、まして営業などもすべてはねつける。「この上昇相場に乗って、大きく儲けてやりましょう」なんて強欲は、さらさらなし。

そんな彼だが、どこかで次の暴落相場が到来するや「待ってました」で、再び買い出動する。このように、はじめから終わりまで、完全に自分のペースで「株を買っては売って」を貫くわけだ。

儲けようとしない、儲かってしまう

この個人投資家は、「安い時に買っておいて、適当な株価上昇で売って、着実に利益を手にする」ことで、どんどん資産を殖やしていっている。まさに、「資産づくりの投資」を実践しているわけだ。

こういった投資姿勢を守るならば、損はしない。「安く買っておいて、高くなるのを待つ」だけだから、誰にでも簡単にできる。少し時間はかかるけど、確実に資産は殖えていく。

世に一般的な投資家に多い、「儲けよう、儲けよう」でガツガツしない。しかし、儲かってしまうのはたしかである。なにしろ、安く買っておいた株式を、どこか高くなったところで、売っていくのだから。

これが、本当の投資である。当たり前のこと言うなと、読者のみなさんはそう思うかもしれない。ところが、多くの投資家はこの当たり前ができないのだ。

なぜか？　それは儲けようとするからだ。「やることをやっておけば、儲かってしまう」という、投資の本質から外れてしまっているからだ。

先ほどのお金持ちがそうだろう。儲けようとガツガツはしていない。それでも着実に儲けているではないか。

そう、投資はやるべきことをやっておけば、儲かってしまうものだ。投資は難しいとか、リスクが大きいなんて、はじめからない話と考えてくれていい。

それよりも、大事なのは「やるべきことをやっておく」で、「なにを、どうやるか」。しつこいようだが、儲かってしまうのだ。そうであるならば、「やるべきこと」に徹するだけのこと。

では、その「やるべきこと」とは？　大事なのは、ふたつしかない。それらを、次の章でひとつずつ説明しよう。

7
章

資産づくりの投資で
守るべきこと

〈その1〉「アセット・アロケーションの切り替え」は絶対だ

マネーの大きな流れを先取りする

経済全体で見ると、マネーの大きな流れというものがある。それは、大河のとうとうたる流れと同じで、誰も逆らえない。誰にも止められない。

資産づくりの投資も、経済全体におけるマネーの大きな流れに、ゆったりと乗っていくことだ。決して、逆らおうとはしない。それが、資産づくり投資の秘訣である。

マネーの大きな流れとは？

経済を見ていると、景気が良くなったり悪くなったりを繰り返しているのがわかるだろう。景気が良くなったり、悪くなったりするにともなって、マネーの流れも方向も変わる。それに合わせて、運用先を「株式→現金→債券→株式」という順に切り替えていくのだ。それを、アセット・アロケーションの切り替えという。

どういうことか？　景気が良くなってくると、企業はもちろん個人もカネまわりが良くなり、マネーの動きが活発化する。それにつれて、企業の投資や個人の消費もどんどん活発化する。

すると、経済全体ではマネーは不足気味となっていき、金利が上昇しだす。それでも景気上昇の勢いは強いから、金利は徐々に上昇ピッチを上げていく。その先、どこかで景気は過熱気味となる。

景気が過熱し、あまりに金利水準が高くなってしまうと、金利コストの上昇が企業の収益を圧迫しだす。また、もろもろのコスト上昇が物価にスライドし、個人消費も鈍化しだす。

そのうち、どこかで突然、景気は失速気味となっていく。企業もそれまでの拡大投資から一転し、生産量を減らしたり設備縮小に走ったりする。つれて、その寸前まで高まり続けていたマネー需要も急激に落ち込み、金利も低下しだす。

すると、それまでの好景気は急減速しはじめ、個人消費も一気に落ち込んでいく。不況への突入だ。

それを見るや、国は景気対策の予算を投下する。減退した需要を喚起しようと、公共事業などを連発することになる。また、中央銀行は低金利政策に打って出る。

ここで株式投資に入る

低金利政策は、いってみれば、家計から法人部門への半強制的な所得移転政策である。個人や家計に、「景気が悪いから、我慢してくれ。預貯金の利子収入は減るが、その分で企業に頑張ってもらおう」ということだ。

この段階でのマネーの流れはというと、個人や家計が本来手にできていたはずの利子所得が、強引に法人部門へ向かわされている。つまり、家計から見ると利子所得を減らして、その分を企業に「しっかり儲けてください」と差し出しているのだ。

別の見方をすると、家計は企業にせっせと大きな資金を貢いでいるわけだ。「ここは我慢するから、うんと儲けて景気を良くしてね」といいながら。

そう、個人や家計は利子収入を減らして、せっせと企業の将来利益に貢献しているのだ。そういうことならば、低金利時にはどんどん株を買っておけば良いはず。それが、経済的にも合理的な行動となる。

株式投資は、企業の将来利益に期待して投資する行為である。ならば、低金利政策で家計から法人への所得移転が進んでいる時は、株式投資するにあたって最高の局面といえるはず。

不景気で企業の業績悪化が続き、株価全般はやたら安値にまで売り叩かれている。でも、マネーの流れは企業の将来利益増加へと向かっているのだ。ここで株を買わない理由はない。

われわれ本格派の長期投資家は、不況時に株式への投資ポジションを100%にまで高める。景気が悪く、株価全般も安いから、選り取りみどりで将来好望株を買い仕込みできる。

逆に、不況時すなわち低金利時に、債券投資はあり得ない。なぜなら、不況を脱しようと、国を挙げての景気回復に突き進んでいるのだ。景気が良くなれば金利も上昇するし、債券価格は下がる。

ということは、低金利時に債券を買ったところで、得られる利金収入などは、きわめて限定的である。それどころか、景気が回復するにつれて金利は上昇し、債券価格は下落して損するだけ。

そう、低金利時に債券投資なんて、下の下の投資をやらかすことになる。ましてやゼロ金利時やマイナス金利政策が続いている間は、利金収入もゼロだし、金利上昇時には債券価格の下落で大損するだけだ。

景気が過熱気味になってきたら、株を売り上がっていく

世の中に永久に続く不況などない。どんな不況もいつかは終わる。不況を脱出すると、景気は徐々に上向いていく。

それを先取りするかのように、株価全般は徐々に上昇しはじめる。不況の最中の株安時に、株式投資ポジションを１００％にまで高めておいたから、こちらはごきげんそのものである。

景気が尻上がりに良くなっていくにつれて、株価全般の上昇ピッチも上がっていく。この段階では、株式１００％の投資ポジションを維持し、せいぜい株価全般の上昇による資産の増加を楽しんでいればいい。

そのうち、景気も過熱気味となってくる。そのあたりから、株式投資ポジションを徐々に下げはじめよう。利益確定に入っていくのだ。株価全般もずいぶん上昇したから、結構な投資収益を手にすることができる。

うまい具合に、景気が上昇ピッチを上げるにつれ、経済活動は活発化し金利水準も

高くなってきている。保有株を売却した資金は、現金運用にまわしてやれば、これまた結構な金利収入が得られる。

逆に、いつまでも株式投資ポジションを100%のままで維持していても、株価上昇のピッチは落ちていくだけだ。そして、どこかで株価全般は伸び悩みから下落に転じる。

理由は簡単で、景気過熱化による金利上昇で、企業の収益悪化が徐々に顕著となるからだ。それまでの業績向上ピッチが一転して、業績マイナスとなり株価全般は売られる。

だから、株価伸び悩みの前の適当なタイミングで、株式投資ポジション引き下げに入るわけだ。そして、売却した資金で金利収入を稼ぐ。

これまた、きわめて合理的な投資行動といえよう。

現金運用から債券投資へ

景気が過熱気味になってきたら、株式をどんどん売り上がっていくのは、わかっただろう。それまで100%だった株式投資ポジションを、20〜30%ぐらいにまで引き下げる。

もちろん、株式投資ポジションをゼロにするまで売り切っても構わない。ただ、この後の〔その2〕で書くように、応援企業とは「縁」をつないでおきたい。それで、20〜30%は売らずに残すわけだ。

金利水準が相当に高くなっているから、現金運用でも結構な金利収入を稼げる。下手に株価上昇をトコトン追いかけて、どこかで株価下落を食らうよりも、よほど賢明な投資戦略となる。

これまた、マネーの流れに逆らわない、合理的な投資行動である。

あまりに金利水準が高くなってくると、そのうち景気は失速する。企業活動や個人消費も落ち込む。

景気は下降局面に入って、それまで高かった金利水準も下がりはじめる。債券投資に打って出るのはそれからだ。

債券価格は金利水準と逆の動きをする。そこまでの好景気から景気過熱で、金利水準はずいぶん高くなっていた。ということは、債券全般はボロボロな価格にまで売り込まれていたわけだ。

この段階で、一気に債券投資ポジションを高めるのは、やはりきわめて合理的な投資行動となる。景気失速から不況突入まで金利は、どんどん下がっていく。逆に、債券価格は、みるみる上昇していく。

これも、マネーの大きな流れだ。それに乗って、債券投資でたっぷりと稼がせてもらう。

景気後退がひどくなってくるにつれ、国や日銀など中央銀行は低金利政策を打ちだす。先に書いた家計から企業への半強制的な所得移転で、景気を回復させようとする政策だ。

そのあたりから、保有していた債券はどんどん売り上がっていこう。景気後退による金利低下で、債券価格はずいぶんと上昇した。たっぷりと投資収益を手にできたはず。

低金利政策が発動されてきたら、早い段階で債券投資ポジションはゼロにまで下げてしまおう。低金利政策とは景気を良くしようということであって、その先では金利上昇による債券価格の下落が待っている。

その前に、保有債券は売り切ってしまうのだ。これは、アセット・アロケーションの切り替え戦略での鉄則である。

再び、株式投資ポジション100％へ

保有債券を売り上がっていくのと並行して、株式の買い仕込みをはじめよう。不況で企業の業績も悪化しており、株価全般はずいぶんと安値まで売り叩かれている。

投資家としては、安値に放置されている株式を、選り取りみどりで買い仕込みできる。なんの躊躇《ちゅうちょ》もいらない、どんどん買っていこう。

不況の最中に、そんな積極的な株買いで大丈夫か？　そんな心配はいらない。国も

中央銀行も景気を回復させようと、不況政策や低金利政策を打っているのだ。

いつか、どこかで景気は回復に向かっていく。その時は、株価全般も上がり出しているはず。だから、不況時の株安局面では、目一杯に株式投資ポジションを引き上げておくのだ。

これまた、きわめて合理的な投資行動である。つまり、アセット・アロケーションの切り替えとは、マネーの流れを先取りした合理的な投資戦略を実施するということだ。


どうだろうか？　景気のうねりに沿って、マネーは膨れ上がったり縮小したりを繰り返しながら、流れ行く方向を変えていく。また、金利も上昇したり下降に転じたりする。

そういったマネーの流れを先取りして、「株式→現金→債券→株式」と投資対象を切り替えていくのだ。どれもこれも合理的な投資行動となり、なんの無理もなく資産は膨れ上がっていく。

〔図表2〕アセット・アロケーションの切り替えは、絶対だ

・景気変動のうねりに沿って、株式→現金→債券→株式と順に投資対象を切り替えていく
・これは時間分散といって、長期投資の肝となる

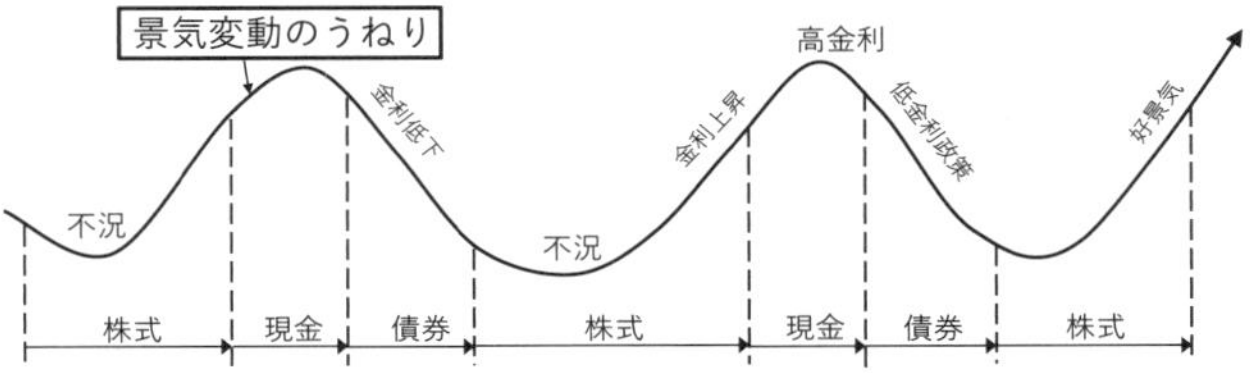

われわれ本格派の長期投資家からすると、アセット・アロケーションの切り替えだけで投資収益の70～80%が確保できてしまう。ごく自然体で資産づくりを進められるのだ。

上の図表2は、アセット・アロケーションの切り替えを図式化したものである。じっくりと眺めてもらいたい。

〈その2〉企業を応援する、それが株式投資だ

教科書の株式投資、その通りにはいかないものだ

よく投資の教科書では、企業の将来利益増加を期待して株を買おうといっている。それはそれで正しい。

企業が将来的に利益を積み上げていってくれれば、株価はそれを反映して上がっていく。したがって、企業の利益成長を買うという投資行動は、教科書がいう通り株式投資の王道である。

とりわけ、10年、20年といった長期の株式投資を貫く限り、教科書の教えは絶大なる威力を発揮する。実践しない理由はない。

問題は、その実践がなかなかできないところにある。後講釈的に、「この企業は、

これだけ利益成長した。それを反映して、株価はこんなにも上昇した」とは、誰でもいえる。

ところが、実際に株式投資するとなると、なかなか後講釈的にはいかないものだ。そのあたり、6章で書いた順張り投資、つまり世に一般的なダメ投資だけの問題ではない。

実際、どれだけ投資の教科書に忠実に株式投資をしようとしても、そううまくはいかないものだ。なぜか?

それは簡単なことで、どの投資家にも欲があるからだ。儲けたい、損したくないという欲があるから、いざという時に教科書の教えを守り切れない。否、しばしば教えに反した行動さえしてしまう。

たとえば、時流に乗ったビジネスで将来有望視されており、ずっと増益予想が続いている成長企業でも、なんらかの暴落相場では売られる。そういった株式市場全般が売られた時に、多くの投資家はなかなか買えないではないか。

暴落相場の寸前まで、すごい利益成長が期待できるとしてきた企業のはずなのに。ましてて、前日までと比べ大きく売られて、株価は安くなっているというのに、買えないではないか。

買うどころか、「こんな暴落時に手を出したら、大きくやられてしまう」と損失警戒感で、むしろ売りに走ってしまう。せっかく、投資の教科書で学んできたのにだ。

では、どうすれば買えるのか？


この会社を応援するのだ！


われわれ本格派の長期投資家は、暴落相場でも平気な顔して買える。それこそ、大バーゲンハンティングができると、ごきげんで買いにいく。

そんな暴落相場で買い出動して、怖くはないのか？　損失警戒感に駆られる、なんてことはないのか？

まったく、なしだ。怖くないというのは、投資の教科書に忠実な行動をしようとするからなのか？　いや、われわれ長期投資家の行動は、投資の教科書をも超えている。

それどころか、さほど利益見通しがたしかな企業でなくても、われわれ本格派の長期投資家は暴落相場を買いにいく。「この会社は応援しなければ」といってね。

投資の教科書を超えている？　そう、われわれ本格派は企業の利益成長にさほどこだわらない。それでも買いにいく。ましてや暴落相場だ、買わない理由はない。

ここで、投資の基本の基本を思い出してみよう。投資なんて、「安く買っておいて、高くなるのを待って売る」だけのこと。それでもって、投資収益を着実に確保していくのだ。

せっかく暴落相場が襲ってきてくれたのだ。どの株も前日まで、あるいはしばらく前までの株価と比べ、おそろしく安くなっている。その安値で買っておけば、投資するのに最高のタイミングではないか。

そうはいっても、暴落相場は怖くて、なかなか買えないもの。なにか、特別な秘訣があるのか？

簡単なことだ。「この会社と、この会社はなにがなんでも応援するぞ」という気持ちさえあれば、暴落相場を買える。損しそうだとか、怖いとかの欲得計算に襲われて、ヘナヘナとはならない。「応援するぞ」という強い意志があれば、平気で買えるはず。

みなが逃げたくなるような株安時に気合いを込めて買える。その結果として、大きな投資リターンが得られる。それが、本当の株式投資というものだ。

なぜ応援するのか？

ここで、本当の株式投資というか、「投資とは、そもそもどういったものなのか」を考えてみよう。

投資とは「将来を築いていくため、お金に働いてもらう」ことである。将来を築いていくとなると、「どんな社会にしていきたいかの夢や思い」、それを実現させようとする「強い意志」が問われる。

といっても、自分の働きだけでは、力も能力も限られている。そこに、お金の働きが加わってくると、大きな力となる。そう、自分の夢や思いを託せるところがあれば、そちらの方向で自分のお金にも働いてもらうのだ。それが投資というものである。

ならば、自分が思い描く将来への夢や思いに沿った方向で事業を展開している企業を応援すればいいのではないか。それも、強い意志をもって応援するのだ。それが、株式投資の本質である。

では、どんな企業なら将来への夢や思いを託せるのか？

そう難しいことを考える必要はない。ここが肝心なところだ。まず大事になってくるのが、毎日の生活の安定であろう。

いくら将来にバラ色の夢を抱いたところで、日々の安定的な生活があってこそ、である。その上に、将来への夢や思いを乗せてやればいい。

そう考えると、毎日の生活を支えてくれている企業群の中で、とりわけ強く応援したいと思える企業が、次々と浮上してくるはず。あえていえば、読者のみなさんにとって絶対になくなっては困ると思う企業の数々だ。

いまも、5年後も、10年後、20年後も相変わらず自分の生活を支え続けてもらいたい。そう思える企業が、応援のリストに入ってくるはず。

そうなのだ、生活者としてなくなっては困る、10年先も30年先もずっと頑張ってもらいたい企業を、トコトン応援していく。それが、資産づくり投資の根幹をなす考え方である。

潰れっこない企業なら、安心して買える

生活者としてなくなっては困る企業ということは、毎日の生活で消費者として売り上げに貢献しているはず。どの企業も売り上げが続けば、よほどのことがない限り潰れっこない。つまり、長期投資の対象としても安心できる。

たとえ、なんらかの理由で株式市場が暴落しても、人々の生活は続いている。人々の生活を支えるべく、企業の生産供給活動も一時として止まらない。

とりわけ、生活者としてなくなっては困る企業であれば、相場暴落時でも売り上げは続いているはず。したがって、安心して、投資を続けられる。

それどころか、「なんで、こんなに大事な企業なのに株式市場が暴落したといって、ボロボロに売られなければならないのか」と、憤りさえ覚える。そして、ムラムラと応援心が湧き上がってくる。

「よし、みなが売るなら売れ。こちらは徹底的に応援してやるわい」と、むしろ気合いが入る。その時、「こんな暴落時に買ったら損するのでは」という欲得計算など出る幕はない。これが、本物の株式投資である。

自分の現在そして将来の生活を守るため、「この企業とこの企業はトコトン応援するぞ」で、暴落相場の安値を買いに行く。まさに、投資の基本である、「安く買っておいて、高くなるのを待つ」のスタートが、ごく自然体でできてしまうではないか。

ここで、教科書的な株式投資を見てみよう。「企業の将来利益増加を期待して、株を買おう」ということだが、暴落相場では利益予想のやり直しを迫られる。

この暴落相場によって、景気悪化など利益見通しに狂いが出るものなのか、ただ単純にバブル高がはじけて株価全般の急落となっただけなのか、そのあたりを確認する必要がある。つまりは、「いまここでは買えない」となる。

むしろ、業績見通しが下方修正されるかもしれないので、ここは売っておこう。さらなる株価下落リスクを避けるべし。そういった投資判断さえ出しかねない。そんなわけで、どの投資家も暴落相場後はなかなか買えないものだ。

もちろん、われわれ本格派の長期投資家だって、業績悪化の可能性を無視するわけではない。しかし、「潰れっこない企業を応援買いするのだ、業績がどうのこうのはどうでもいい」と腹を括れる。

なによりも、株価が大きく下げた。「ここで応援投資に入らないのは、長期投資家の名折れだ」という感覚である。この安値を応援買いしておいて、業績の見通しとやらが上向いてくるまで、2年でも3年でも待てばいいだけのこと。

どうせ、われわれは長期投資家なんだから。

本物の応援団と、にわか応援団

本格派の長期投資家は、株価全般の暴落時には断固たる応援買いに入る。「この企業とこの企業は、なくなったら困る。トコトン応援するぞ」と、ボロボロに売られている株式を買いにいくわけだ。

いってみれば、本物の応援団である。「なぜ、こんなに良い会社の株を二束三文で売るのか。売るなら売れ、こちらは徹底的に応援してやるわい」と意気軒昂《いきけんこう》で買いにいく。

一方、暴落相場に泡を食って売り逃げに走るのは、儲けしか眼中にない投資家たちだ。また、ほんのちょっと前までは好調な業績動向などで買っていたはずの投資家たちも、大慌てで売りを急ぐばかり。

そんな彼らだが、儲けへの意欲は相変わらず強い。暴落相場が一段落して世の中が落ち着いてくるにつれて、徐々に彼らの間で儲けたい心が戻ってくる。そして、おっかなびっくりながら株式市場に舞い戻ってくる。

といっても、暴落相場で大きくやられた痛手もあって、どの投資家もへっぴり腰の買いを入れる程度。それもあって、マーケットはモタモタしながらの上昇トレンドを描きはじめる。


そんな状況が続いているうちに、経済情勢が明るくなってくるにつれて、投資家たちの買い意欲は高まりだす。そして、株式市場にも活気が戻ってくる。

そうなると、株価全般の上昇ピッチも徐々に上がっていく。本格派の投資家は暴落の安値を買い仕込んでおいたから、ごきげんで株価上昇を眺めていられる。

そのうち、マーケットは儲けたい投資家たちによる買い急ぎで、どんどん熱気を帯びてくる。その熱気に煽られるようにして、株価上昇のピッチはどんどん加速する。

いまや、どの投資家も「儲けたい」と血眼になっている。

本格派の長期投資家からすると、「なんだ、暴落時には情け容赦もなく売ってたのに」の一言。こちらは本物の応援団だ。だから、みなが投げ売る暴落相場で、生活者にとって大事な企業を断固として応援買いに出た。

一方、株価が上がってきたのを見て、儲けたい投資家たちが、ガッガッと買ってきた。まさに、「上がってきた株価を応援しよう」とする、にわか応援団の登場である。

こちらとしては、「まあ、好きに高値を買ってもらおう。しばらく、彼らに応援を任せるとするか」で、どんどん売り上がっていく（次ページの図表3参照）。

この違いがわかるだろうか？　われわれ長期投資家は、暴落相場の安値をたっぷりと買い仕込んだ。それを、儲けたい一般投資家たちが、後から高く買ってくれる。おかげで、こちらは大きな投資収益を確保できる。

これが、本物の株式投資であり、長期投資家の真骨頂である。なんの無理もない

〔図表3〕応援投資のリズム

・暴落相場で応援買いに入る
・経済情勢や投資環境が好転すると、にわか応援団が大挙買い出動してくる
・しばらく応援を彼らにまかせようと、売り上がっていく

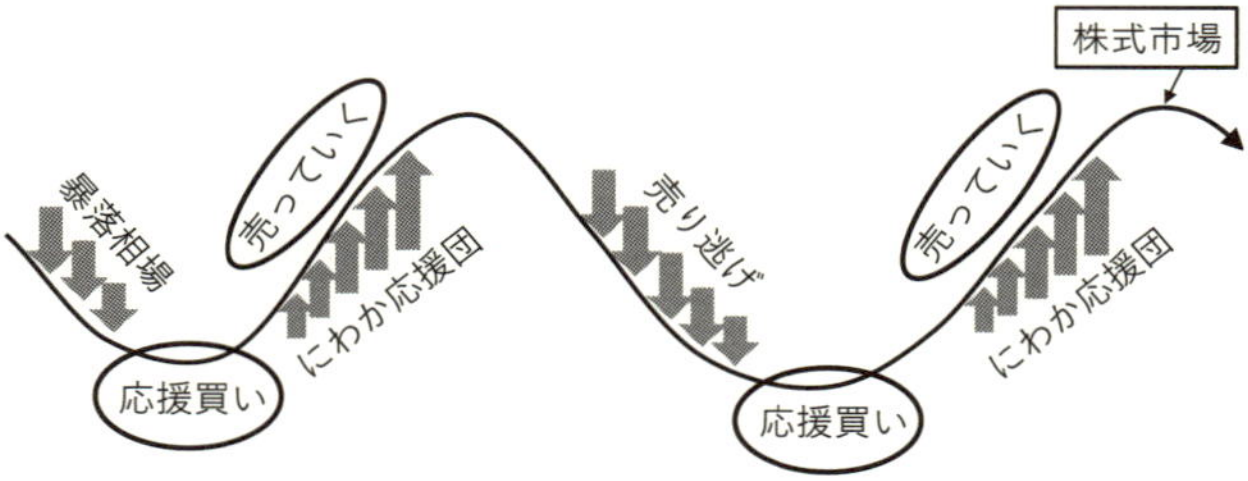

し、ごく自然体で投資を進められる。

マイペースで、リズムを大事にしよう

応援買いの感覚は、これでわかっただろう。次に、大事になってくるのは、投資のリズムを守ることだ。それも、徹底的にマイペースで、だ。

リズムの起点は、暴落を買いにいくことだ。それも、さっさと買いにいくのだ。本物の投資は、そこからはじまる。

大事なのは暴落を待って買うことだが、「底値はどのあたりだろう」とか「まだ下値があるのでは」などと考えないことだ。

それを、言いはじめた瞬間、相場追いかけ型の世間一般的な株式投資に引きずり込まれてしまう。

もうそうなると、自分の投資リズムはどこかへ消え去り、マーケットの価格変動に右往左往させられるだけだ。読者のみなさんは、「マーケットからは、つかず離れず」の鉄則を忘れずに守ってもらいたい。

投資で成功する秘訣は、ワガママに行動すること、それに尽きる。マーケット動向とかに振りまわされることなく、自分の好きに「安かったら買い、高くなれば売る」を貫くことだ。

「マーケットにつかず、離れず」で、「安く買い、高く売る」自分のペースを絶対に崩さない。そうしているうちに、自分なりの投資リズムが身についてくる。

投資のリズムというぐらいだから、軽やかさが肝となる。マーケットなんて、それこそ飽きることなく上がったり下がったりを繰り返すもの。その上がったり下がったりに、リズム良く「買って、売って」で対応してやるのだ。

そういった投資のリズムに最大の敵となるのが、欲である。「できるだけ安く買いたい」とか「もっと高値があるのでは」などといって、欲の皮が突っ張りはじめた瞬間、投資のリズムはどこかへいってしまう。

昔からの相場格言に「鯛の頭と尻尾はくれてやれ」というのがある。相場変動で「底値を買おうとか、天井を売ろう」なんて欲の皮を突っ張ると、安値を買いそびれたり高値を売りそびれたりしてしまう。

「しまった、欲を張りすぎた」と悔やむぐらいなら、早めに買い、早めに売ることを心掛けるべしという教えだ。これなんかも、投資をリズム良く展開していくことの大切さを物語っている。

8
章

これが資産づくりの王道だ

時間のエネルギーを味方につける

資産づくり投資は、米などの作物を育てるのと同じ感覚である。種を蒔く時期を守り、実ってくるまでたっぷりと時間をかけることが欠かせない。

種を蒔く時期については、7章で詳しく説明した。すなわち、アセット・アロケーションの切り替えは絶対に守る。その上で、企業を応援する投資に徹し、多くの投資家が売り逃げようとする安値を断固として買いにいくことだ。

この8章では、資産づくりの王道ともいえる、いくつかの大事なポイントに切り込んでいこう。

まずは、時間のエネルギーをいただくことに焦点をあてるところからだ。米づくりの過程を追いかけてみると、わかりやすい。

春まだきの頃に田んぼを耕して、土に空気を触れさせる。そして水を張ってやり、少しずつ水がぬるんでいくのを待つ。同時に苗代に種モミを蒔いて苗を育てる。

4月から5月のはじめにかけて、いよいよ田植えだ。日本中の田んぼが南から北へと順に、田植えを終えた水田へと変わっていく。

稲作は大量の水を必要とする。6月から7月半ばにかけての梅雨時には、ありがたい天の恵みをいただく。

そして、夏の暑い日差しを浴びて稲はスクスクと育っていく。農家さんは雑草採りに追われながらも、稲に穂がつきはじめ秋の収穫が楽しみとなっていく。

夏も終わり頃には大きく育った稲穂が少しずつ重くなり、頭を垂れはじめる。また、一面の緑だった田んぼが黄金色に色づいていく。

いよいよ収穫の秋の到来だ。台風の襲来に気をもみながらも、稲刈りの準備に入っていく。

およそ100日かかった稲作も、ようやく収穫の時を迎えた。今年の実りを感謝して秋祭りの準備だ。

その年の天候によって収穫量は大きな違いとなる。6、7月に空梅雨ともなれば、稲の生育に大きな影響を及ぼしてしまう。

また、夏の日差しが十分でなかったり、気温があまり上がらない冷夏と呼ばれる年になったりもする。そういった年は、米の収穫量は残念ながら減ることにも。

それでも、春に苗を育ててから秋の収穫まで、時間のエネルギーをたっぷりいただいた。そして、晴れて収穫の秋を迎える。

ごく自然体で、なんの無理もなく投資収益を手にできる

長期の株式投資も、米づくりとまったく同じ感覚である。田んぼに種モミを蒔いて

から100日の間、時間エネルギーをいただくことで秋の収穫を迎える。

暴落相場の株安時に買っておいたその株価だが、時間のエネルギーをいただいて大きく育っていき、利益確定の秋を迎えるわけだ。そこには、なんの無理もない。

投資のリターンとは、そういうことだ。リターンという英語は「戻る」ということであり、そこには「収穫を手にする」という意味合いも入ってくる。まさに、投資の本質を語っている。


その点、世に一般的な投資は「儲けよう、儲けてやりましょう」で、獲ることしか眼中にない。獲ろう獲ろうとすれば、種を蒔いてすぐに米の収穫を期待することになる。まるで、青い苗を食べようとするようなもの。

もちろん、狩猟採集時代のように、獲物を狩ったり木の実を採って食べたりする生き方もありだ。多くの一般的な投資はこちらの狩猟採集型だということは、もうおわかりだろう。

しかし、狩猟採集では当てにならないし、生活は安定しない。獲物をうまく仕留められればいいが、百発百中というわけにはいかない。また、木の実なども採れるのは秋の一時期だけである。

その点、稲作などでは時間のエネルギーをもらって実りを待てばいい。もちろん、秋の収穫を手にしても、収穫の一部は種モミとして残しておいて、翌春の田植えにまわすことができる。

それでもって、毎年きっちりと米づくりに励めるし、その結果として安定的に食糧を確保できる。まさに、長期の資産づくり投資につながる考え方である。

実際、人類は農耕を覚えたことで、定着生活が可能となって、社会というものを構成するようになった。人口が急増するトレンドに入っていったのは、それからだ。

「10年で2倍になればいいや」でいこう

長期の資産づくり投資は、米づくりなどのように「実るまで待つ」ことが肝である。それこそ、「5年とか10年で、2倍になればいいや」の感覚である。

そんなの、まどろっこしくて、話にならない？　投資だったら、もっと高い利回りを求めなくては？

冗談じゃない。投下資金が5年で2倍になってくれたら、年率にすると14・4％の成績となる。10年で2倍でも、年率にして7・2％の資産づくりとなる。これはすごいことだ。

実際のところ、年率14％とか7％の投資リターンを10年や20年の間、毎年ずっと叩き出せる投資家が、世界広しといえど一体どれだけいるだろうか？　まあ、3年や4年ぐらいなら、10％とかの成績は出せようが。

しかし、10年、20年という時間軸で、毎年14％はおろか7％の運用成績を残すのは、文字通り大変なこと。それだけの成績は世界を見わたしても、そうそうない。

もっとも、この40年余のカネ余り株高に乗っかっての「すごい成績」とやらを自慢することはできよう。しかし、いずれ暴落相場が襲ってきたら、そんな成績などたちどころに吹っ飛ぶだけだ。

その点、われわれ本格派の長期投資家は、いつも「10年ぐらいで2倍になればいいや」という気持ちで投資している。ゆったり構えているから暴落相場を平気な顔して買いに行けるのだ。

また、暴落相場を買いにいっても、その後さらに下げたところで慌てない。「まあ、10年もすれば上がってくれるだろう」とゆったり構えていられる。

この、「5年でも10年でも待てばいいや」とする姿勢こそが、まさに長期投資なのだ。毎年の成績に追いまくられる機関投資家たちからすると、さぞかし羨ましかろう。

いっておくが、「10年で2倍になればいいや」ぐらいのゆったりさで投資していると、実際にはもっと早く2倍になってくれる。それも、たまたまの一発勝負ではない。ずっと同じような繰り返しで、結果としてすごい成果が転がり込んでくるのだ。

これが、安定感と再現性の高い資産づくり投資というものである。

大きなガラを食らってはいけない

資産づくり投資の肝は、長期のゆったり投資に徹し、絶対に大きなガラ（市場の棒下げ）を食らわないこと。それに尽きる。

長期のゆったり投資は、先に書いた「10年で2倍になればいいや」ぐらいのスタンスを守ることだ。その点は、もうおわかりだろう。

その上で、「安いところで買い、高くなったら売る」の投資リズムを守る。決して、大きなガラを食らってはいけないと、心してほしい。

だから本書でも、第1部で暴落の可能性をくどいほどに書いたわけだ。長期の資産づくり投資において、マーケットの暴落に遭遇すると元も子もなくなるので、絶対に避けたい。

よく資産運用で毎年の成績がどうのこうのとか、直近5年間の成績がこんなだったと得意気に語ったりする。そんな成績自慢など、大きな暴落相場に遭遇するや瞬間に吹き飛んでしまう。

日々の、あるいは年毎の成績などよりも、いかに10年、20年にわたって再現性の高い投資運用を安定的に展開していくかだ。これは、財産づくりの鉄則である。

資産づくりの投資を続けていくにあたって、絶対に相場のガラを食らってはいけない。筆者は、それを本物のプライベート・バンキングでしっかりと学んだ。

本物のプライベート・バンキング

筆者はスイスの銀行でプライベート・バンキングの雄、ピクテ銀行の日本代表を1979年初から1996年6月まで務めた。いってみれば、日本におけるプライベート・バンキングの草分けである。

そのピクテ銀行だが、ナポレオン戦争の頃からプライベート・バンキング業務を営んでいる。つまり、200年を超す長い実績を誇っているわけだ。

その間には、第一次世界大戦・ロシア革命・第二次世界大戦・ハンガリー動乱など激動の時代が続いた。それにもかかわらずだ。

どうして、それだけ長い期間、営々とプライベート・バンキングの銀行業務を続けてこれたのか？

まさに、ピクテ銀行が顧客資産の保全で、他の追随を許さない信頼感と安心感を勝ち得てきたからだ。

多種多様な価値観や利害関係が集まって織り成す人間社会では、なにが起こるか知れたものではない。それをふまえた資産づくり投資において、ただマーケット動向を追いかけているだけでは済まされない。

それどころか、マーケットなんてものは、ちょっとした出来事でも売り逃げの修羅場と化す。その寸前まで積み上げてきた運用成績など、瞬時に崩れ落ちてしまう。

投資家顧客たちは、大きな損失勘定を抱えて右往左往の混乱に陥る。1987年10月に発生したブラックマンデーのような大暴落では、多くの投資家たちは自分がどれだけ損失をこうむっているか、その額すら把握できなかった。

そういった事態が発生する度に、いぶし銀のような存在感で輝きを放つのがピクテ銀行である。日頃から顧客資産の保全に重きを置いた地味な運用に徹しているから、大きなマーケット下落をそうそう食らわないのだ。

顧客サイドから見ると、いざという時に大きな安心感を覚える。その上、ちまちました運用成績を積み上げて大きなガラを食らうよりも、長い目ではピクテに預けた資産の方が大きく育っている。

そういった、長い歴史で磨き上げてきた資産づくりの鉄則が、マーケットの大きなガラを食らわないということなのだ。

プライベート・バンキングの真髄

ピクテ銀行での仕事を通して、プライベート・バンキング・サービスの真髄に幾度となく触れてきた。中でも、お客さまの資産を「保全しつつ、殖やしていく」という基本哲学が、いまでもズシッと腹に響いている。

資産の保全？　そう、どんなことがあっても、お客さまの資産が大きく傷ついたりすることなく、お守りしていく。その職業意識を、強い意志で全うしていくことだ。

大事なのは、資産の保全といっても「なにに対して顧客資産の万全を図るか」だ。資産保全の重要度では順番があって、それを厳として守ることだ。

顧客資産保全の第1順位が、戦争に対してである。世界大戦など国中を巻き込むような大きな戦争ともなると、生命の維持にも不安が生じる。そういった時に、いつどのようにでも役立てられる資産をもっている人やその家族は強い。

どう資産をつかうかは、その時の状況次第で違う。だが、しっかりと保全されている資産が大活躍してくれる。

第2順位が、インフレに対してだ。戦争とまではいかなくとも、インフレ到来は生活基盤をズタズタにしてしまう。預貯金などの現金資産は購買力を大きく減らす。

年金生活者は、インフレ到来ともなると、もう他に収入がないから生活設計が基盤から崩れる。だからといって、年金の給付額はそう簡単には増額されない。

ちなみに、第一次世界大戦後のドイツではハイパーインフレに襲われた。1万倍ともいわれた物価高に対し、庶民は売れるものはなんでも売って飢えをしのいだ。パン2斤を手に入れるのに、ピアノを手放したといった逸話さえも残っている。

第3順位が、社会変動に対してだ。しばらく前のイラクやシリア、最近のウクライナやパレスチナなど、紛争や戦争で商売はじめ社会運営が機能しなくなる。
そういった、社会や人々の生活基盤が大混乱に陥っている時でも、手元にいつでも現金化できる資産があると心強い。資産形成もいざという時に役に立ってこそ、はじめて価値が出る。

資産保全の第4、第5順位に、ようやく通常の景気動向や金利変動が入ってくる。一般的な投資運用でシャカリキになっているのは、景気とか金利を運用のターゲットにしてのもの。

本物のプライベート・バンキング・サービスからすると、そんなものは第4、第5順位にすぎないのだ。逆をいうと、たとえば第2順位のインフレに対し、いま世界の運用者たちはどこまで真剣に取り組もうとしているか、甚だ不安に感じる。

先にも書いたが、インフレがもたらす金利上昇はマーケットの大きな波乱要因となる。ましてや、カネ余りで膨れ上がるにまかせてきた金融マーケットや張りボテのような経済だ。空気が抜けたような急収縮も覚悟しておこう。

それと同時に、これまで投資の常識とされてきたことの多くが、根底から崩れ落ちよう。いずれも、資産づくりの王道から外れているから、崩れ落ちて当然なのだが。

分散投資は気休めにすぎない

投資の教科書で必ず出てくるのが、分散投資の勧めである。

投資にはリスクが避けられないから、投資先を分散してマーケットの下落リスクに備えようという教えだ。

よく、卵はひとつのカゴに盛るなといわれる。こけたら、全部が台無しになる。いくつかのカゴに、卵を分けて入れておけば安心できるということだ。

いかにも、もっともらしく聞こえる。ただ、読者のみなさんの資産づくり投資においては、なんの意味もない気休め程度と受け流してもらいたい。

そもそも、分散投資という考え方が普及してきたのは、この40年ほどのことである。その前、すなわち１９７０年代までは、「投資とはリスクを取りにいくもの」と考えられていた。

どう見ても損しそうで、誰も手を出したがらない。そのような時に、資金を投下して当たれば大きなリターンが得られる。そこで問われるのは、将来への読みと投資対象に対する目利き力である。

そういった投資が、社会や経済にとっても大きな貢献ができる。まさに、事業家的な投資家や投資運用のプロの独壇場であった。

ところが、80年代に入って年金の運用を中心に、世界の運用が毎年の成績を追い回すものに様変わりした。機関投資家などがマーケットを相手に売買して、ひたすら成績を積み上げようとする。それを「資金運用（Money Management）」という。

それまでの、敢然とリスクを取りにいく「投資運用（Investment Management）」とは違う。投資運用では、むしろマーケットの暴落時などに、自分の意思と判断で堂々とリスクを取りにいく。

一方、マーケットを相手にして売買益を積み上げようとする資金運用では、マーケットに振りまわされてしまうリスクは避けられない。

マーケットなんてものは、どう転がるか知れたものではない。だから、リスク分散した投資をすべしということになっていったわけだ。

たまたま、この40年ちょっとは歴史に例のない長期右肩上がり相場が続いた。世界の株式市場も債券市場も同一歩調で、壮大な上昇トレンドを続けた。したがって、結果としては分散投資など考える必要もなかった。

それでも、変転きわまりないマーケットを相手にして売買益を得ようとする資金運用だ。投資先を分散してマーケットの変動リスクを軽減させておこうとする考え方は、それなりの説得力がある。

また、投資の大衆化に沿って投資教育が重要視されるようになってきた。投資教育を展開する上でも、分散投資は大事な概念とされている。

実は危険な分散投資

しかしだ、ここで7章で書いた「アセット・アロケーションの切り替え」を思い出してほしい。資産づくり投資の鉄則であり、きわめて合理的な投資行動が、アセット・アロケーションの切り替えである。それを、「時間分散」という。

ところが、投資の教科書でいう分散は「現在分散」ともいうべきものだ。これはリスク分散どころか、きわめて危険な投資となる。

たとえば、現時点で見てみよう。長年のデフレは解消に向かっているが、景気回復の足取りはモタモタしている。日本の株価は34年ぶりの高値更新で、世界的に見ても出遅れ感が高まっている。一方、米国株や世界株式全般へ投資するインデックスファンドへの投資家人気は相変わらず高い。

また債券市場も、カネ余りバブル高の余韻を引きずっていて、大崩れの気配すらない。すなわち、株式も債券もどれもこれも高値圏にあるのは疑いようがない。

それに対して、分散投資するならば、たとえば日本株20%、国内債券15%で、現金5%といったところだろうか。一方、海外株は35%で、利回りの高い海外債券は25%ぐらいにしておこうとなる。

これは、現時点ではもっとも妥当と思われる分散投資の比率だろう。ファイナンシャル・プランナーがお客さまに話す時も納得度の高い投資配分といえよう。現時点において最高の投資配分、すなわち現在分散だ。

しかし、この現在分散が時間の経過で、一体どうなっていくのだろうか？　本書でずっと書いてきたように、世界的なインフレ圧力で、金利は上昇ないし高止まりとなる。つまり、国内と海外を合わせて40％配分の債券投資は、大きな損失をこうむることになる。

一方、株式投資はと見ると、インフレや金利上昇でやはり大きな下げが、いつ発生してもおかしくない。その時、株価全般に投資するインデックスファンドは逃げようがない。となると、55％の株式投資ポジションもかなりの痛手をこうむる。

どうだろう？　やみくもに分散投資すれば安全という考え方の行き着く先は？　時間の経過とともに運用内容がズタズタになる。それが、現在分散の怖いところである。

その点、アセット・アロケーションの切り替えでは、現時点で債券投資などあり得ない。つまり、一般の分散投資では40％配分するであろう債券投資では下落リスクに直面するが、われわれにとっての下落リスクはゼロである。

一方、55％の株式投資ポジションにおいては、金利上昇が企業収益を圧迫するリスクを考慮した銘柄選別をしている。したがって、インデックス投資のように金利上昇によるマーケット全般の下落を、もろに食らうリスクも避けられる。

そう、資産づくりの投資においては、時間分散こそが王道である。それを忘るべからず。

なぜ分散投資が、かくもありがたがられるのか?

そもそも分散投資という考え方は、マーケットを追いかける資金運用において一般化してきたものである。われわれ本格派の長期投資家にとっては、時間分散は絶対だが、現在分散などといった気休めはあり得ない。

ただ、資金集めのマーケティングにおいては、きわめて重宝する武器である。なにしろ、いま現時点における最高の投資配分を語っているのだから。

「なるほど、いまはその通りだね」と、誰もが納得する。したがって、投資家顧客に対する説得力は抜群である。

まさに、分散投資という考え方はマーケットを追い回す資金運用の世界において、大きく花開いたものにすぎない。それも、運用資金集めのマーケティング活動で説得力ある武器として広く普及してきたわけだ。

もっとも、最近の投資運用は日本でも世界でも、はじめからマーケット動向ありきの資金運用的なものが主体となってきている。マーケットなんてものは、いつどう転ぶか知れたものではないというのに。

そこで、個人投資家も機関投資家も、みなが分散投資をありがたがるわけだ。投資家顧客に対する運用報告でも、「しかるべく分散投資をしていました」と述べた方が受けがいい。

よくわかるものへの集中投資が重要

資産づくり投資をはじめようとしている読者のみなさんには、あえて言っておこう。中途半端な分散投資など、止めておきなと。

読者のみなさんは、アセット・アロケーションの切り替えを、これから実践を通して、少しずつ学んでいこう。いまは、ゼロ金利が終わったぐらいのタイミングなので、株式投資100％でいっていい。

その上で、「わからないものには、手を出さない」に徹すること。生活者として、なくなっては困ると思える企業で、ここから10年先も相変わらずお世話になっているであろう企業のみを厳選するのだ。

そういった応援企業は、読者のみなさんの日々の生活で欠かせない企業ばかりにしてもらいたい。間違えても、いま株式市場で人気化している銘柄や、マスコミで騒がれている企業などではない。

本気で応援したい企業ばかりを選んで、それも集中投資でいくのだ。それが、資産づくり投資の肝である。

何度も繰り返すが、世の中なにが起こるか知れたものではない。人々が右往左往の大騒ぎをしている時に、落ち着いた行動ができるのも確固とした資産の裏付けがあってこそ、である。

本当の資産とは、そういうものだ。なのに、マーケットが暴落したからといって、身動きとれなくなるなんて、話にならない。

本書の資産づくり投資も、世の中でなにが起ころうと慌てず騒がずで、自分の行動ができるためのもののはず。まさに、疾風に勁草《けいそう》を知るである。

投資は超ワガママでいい

農耕民族の日本人は、まわりの人々への気配りや全体との調和を、すこぶる大事にする。日本人の美学といってもいい。

ただし、投資においては、これらすべてを忘れよう。まわりの人々への気配りとか、全体との調和なんて意識は、投資するにあたって百害あって一利なしだ。

投資は超ワガママにやっていい。たとえば、暴落相場で応援したい企業の株式を買いにいくとしよう。

するとまわりからは「こんな下げ相場で買うなんて、気でも狂ったの」「損するだけだよ」といった嘲笑や非難の声を浴びる。

それに対し、「放っておいて！」「この会社を応援したいから買うんだ」と、言い切れるかどうか。まわりから、「気の毒に、こんなところで買うなんて損するだけだ」と、同情のような憐みのような視線を受けるぐらいで、ちょうどいい。

本書で繰り返しているように、「投資なんて安いところで買っておいて、高くなるのを待って売る」に尽きる。安い時とは、みながさらに売ることはあっても、とても買いなど考えられない時だ。

そういったタイミングで買いにいくのが、投資のイロハのイである。そんな誰も買おうなんて考えないタイミングで、あえて買いにいこうとするなど気が狂ったとしか思われない。

しかし、投資においては、それが正解である。誰も買おうとしないから、こちらは安く買える。最高の買い仕込みとなる。これが、ワガママ投資というものだ。

逆に、「さすが、お目が高い。ここは絶好の買い場ですよね」とまわりからほめ讃えられるような投資は最悪である。なぜなら、みなも買おうとしているから、すでに株価は高いはず。わざわざ高値を買いにいくなんて、投資においては下の下である。

このワガママ投資が日本人は苦手である。どうしても、まわりの投資家を気にしてしまうし、みなとそう変わらない投資をしていると安心できる。

ましてや、「放っておいて！　買いたいから買うんだ」と、突っぱねることなどできやしない。それどころか、「これを買っているが、どう思う」と、みなの同意や同調を求めたりする。

これらはどれも、資産づくり投資において、マイナス以外のなにものでもない。

マイペースを貫く

一方、投資ではマイペースを貫くのも重要である。買いたいと思ったら買い、売っておこうと思えば、さっさと売りに入るのだ。

ところが、多くの投資家は自分の判断よりも、マーケットの動向やまわりの投資家の動きを気にしがちとなる。「まだまだ売りが出ているから、もっと下値があるのでは」「ここで買うのは、まだ早いかも」といった判断に傾いたりする。

あるいは、そろそろ売ろうと思っても、まだまだ買いが続いている。もっと高値があるかもと考えて、売りを見送ってしまう。

マーケット動向や投資家の動きを意識しだすと、もうキリがない。買うのも売りに入るのも、なかなか判断できない、そしてそのまま、マーケットにズルズルとついていくことになる。

その挙げ句、後になって「あそこで、さっさと買っておけば良かった」とか悔やむことに。あるいは、「あの時点で売っておいたら、大きな利益を手にできたのに」と嘆くことにもなる。

どれもこれも、「自分のペースで買っておき、さっさと売れば良かった」の嘆き節である。相場なんて何度も上がったり下がったりを繰り返すもの。今日が最後だなんてあり得ないのだから、安く買って高く売るのリズムを大事にしよう。

おわりに

「金利をゼロにし、資金を大量に供給すれば経済は成長する」でやってきた世界経済だが、どうやらもう限界である。

たしかに金融マーケットは大発展した。そして、一部の高所得層への富の集中は異常なまでに高まった。

その一方で、多くの国々で人々の低所得化や貧困化が、どんどん深刻になっている。

2年前から、世界的にインフレ圧力が高まり金利も上昇してきている。これは、マネー膨れした張りボテのような経済に対し、実体経済から送り込まれた刺客と考えられる。

世界中の多くの人々が「もうついていけない、なんとかしてくれ」と声を上げての、インフレであり金利上昇なのだ。

金融マーケットの大崩れは避けられまい。それは、世界経済が「金融、金融」でやってきた40年間が終わり、実体経済をベースとしたものへと回帰するのを告げる号砲となろう。

それはそのまま、読者のみなさんの資産づくり投資にとって、なんとも心地よい追い風となっていこう。

著者略歴

澤上篤人（さわかみ・あつと）

さわかみ投信創業者。1947年、愛知県名古屋市生まれ。1973年、ジュネーブ大学付属国際問題研究所国際経済学修士課程履修。1979年から1996年までピクテジャパン（現・ピクテ投信）代表取締役を務める。1996年にさわかみ投資顧問（株）を設立、1999年には日本初の独立系投資信託会社であるさわかみ投信（株）を設立。長期投資一筋の資産運用で個人投資家の人気を集め、顧客数11万人、純資産総額4400億円のファンドに成長。『10年先を読む長期投資』（朝日新書）、『金融の本領』（中央経済社）、『本物の株価上昇の波が来たぞ！』（日経BP社）、『2020年に大差がつく長期投資』（産経新聞出版）など著書多数。

SB新書　665

大《だい》波《は》乱《らん》相《そう》場《ば》、お金《かね》はこうして守《まも》れ！

2024年9月15日　初版第1刷発行

著　者　澤上篤人《さわかみあつと》
発行者　出井貴完
発行所　SBクリエイティブ株式会社
〒105-0001　東京都港区虎ノ門2-2-1

装　丁
本文デザイン　杉山健太郎
DTP
目次・章扉　アーティザンカンパニー株式会社
校　正　有限会社あかえんぴつ
編　集　大澤桃乃（SBクリエイティブ）
印刷・製本　中央精版印刷株式会社

本書をお読みになったご意見・ご感想を下記URL、
または左記QRコードよりお寄せください。
https://isbn2.sbcr.jp/27638/

落丁本、乱丁本は小社営業部にてお取り替えいたします。定価はカバーに記載されております。
本書の内容に関するご質問等は、小社学芸書籍編集部まで必ず書面にて
ご連絡いただきますようお願いいたします。

ISBN 978-4-8156-2763-8

SB新書

会社四季報を100冊読破した伝説の達人が伝授する、これから伸びる市場と銘柄30選
会社四季報の達人が全力で選んだ10倍・100倍になる！ 超優良株ベスト30
渡部清二

不都合な遺伝の真実に向き合う処方箋
生まれが9割の世界をどう生きるか
安藤寿康

資本主義の誕生から終焉までの歴史をたどる
資本主義全史
的場昭弘

誰にも侵されない「精神の王国」を築こう！
20歳の自分に伝えたい 知的生活のすゝめ
齋藤 孝

先の見えない時代こそ、歴史を学べ
歴史をなぜ学ぶのか
本郷和人